Los Parlamentos de España

Dámaso de Lario

ANAYA

Colección: Biblioteca Básica
Serie: Historia

Diseño: Narcís Fernández
Edición gráfica y maquetación: Rosa Gallego

Coordinación científica: Joaquim Prats i Cuevas (Catedrático de Instituto y Profesor de Historia de la Universidad de Barcelona)

Coordinación editorial: Olga Escobar

Primera edición, septiembre de 1991

I.S.B.N.: 84-207-4310-0
Depósito legal: M-24.187-1991
Impreso por ORYMU, S. A. C/ Ruiz de Alda, 1
Polígono de la Estación, PINTO (Madrid)
Impreso en España - Printed in Spain

Contenido

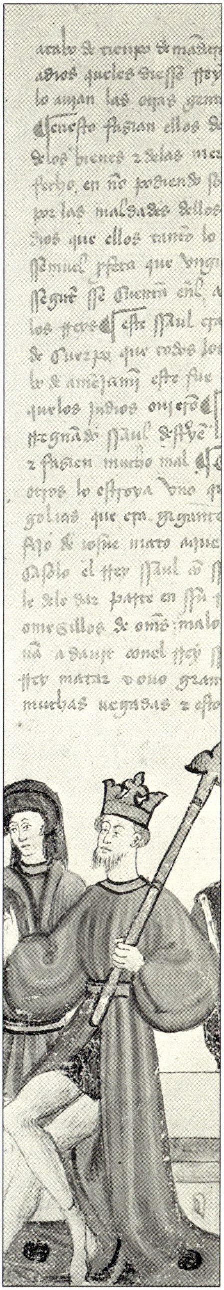

Una tradición irregular

Cortes, Parlamentos o Estados Generales son los nombres con que, en los distintos territorios que han configurado España y su imperio a lo largo de la historia, se ha denominado a las Asambleas representativas que conocemos con el nombre genérico de Parlamento. Hoy relacionamos de inmediato esta institución con la representación popular y el pluralismo democrático. Parece lógico pensar, pues, que los actuales Parlamentos europeos, incluido el nuestro, resulten de una evolución natural de estas instituciones, que empezaron a crearse durante la Edad Media. Las cosas, sin embargo, no han sido exactamente así.

Los Parlamentos del Antiguo Régimen fueron Asambleas que se reunían cuando el rey las convocaba; participaban sólo representantes de las clases privilegiadas, los cuales se dedicaban esencialmente a defender sus intereses frente al monarca. Ahora bien, a medida que aumentó el poder absoluto de los reyes, disminuyó la vitalidad de los Parlamentos hasta llegar a su práctica desaparición a finales del siglo XVIII. El influjo de la Revolución Francesa permitió iniciar en España, a principios del siglo XIX, el ciclo constitucional del que deriva el Parlamento democrático actual.

España, donde, en el siglo XII, surgió el primer Parlamento de Europa, ha ido adaptándose al ritmo de los tiempos y, a través de los avatares de su historia, mantenido viva hasta hoy una rica tradición parlamentaria. El reto, ahora, está en la construcción de un Parlamento muy amplio y no exclusivamente nacional, el Parlamento europeo.

1

Poder y representación en la antigua Europa

El período que abarca los siglos XIII al XVIII comprende una era en la que los países eran normalmente gobernados por un monarca, que mandaba sobre una sociedad dominada por *órdenes*, corporacionales y grupos profesionales. Cada uno de estos sectores, para poder ejercer adecuadamente los importantes deberes y privilegios que poseía, tenía que ponerse de acuerdo con el monarca. Éste, a su vez, ante el creciente poder económico y social de esos grupos, consideró que era políticamente conveniente consultar a sus líderes sobre cuestiones de guerra, justicia, administración e impuestos, las cuales afectaban de lleno a los intereses del reino. Esas consultas se hicieron en Asambleas mal definidas al principio, pero que paulatinamente se fueron perfilando y consolidando, con lo que pasaron a ser habituales y respetadas por todos.

Los Parlamentos de la antigua Europa son de gran importancia, al poner de relieve rasgos y fuerzas significativos en el desarrollo cultural de Europa occidental. Las sesiones más solemnes de los mismos eran las presididas por el propio monarca, como la que muestra esta imagen, en la que Carlos VII de Francia (1458) examina las decisiones de su Parlamento, convertido, además, en el más alto tribunal del país. Nobles, eclesiásticos y representantes de las ciudades y villas le acompañaban y asesoraban en estas sesiones, pero, al final, el rey, como monarca absoluto que era, podía cambiar o anular cualquier decisión tomada previamente por la Asamblea.

En los países de Europa continental los miembros de esas Asambleas, que representaron por lo general los distintos órdenes o «estados» de la sociedad, se agruparon en tres *estamentos*:

— El *eclesiástico*, considerado el primero de todos, al representar la primacía de la esfera espiritual. Lo formaban los arzobispos, obispos y demás jerarquías de la Iglesia.

— El *nobiliario*, que a veces se dividía en dos (alta y baja nobleza) y estaba compuesto por los nobles del reino.

— El *estamento de las ciudades*, que agrupaba a representantes de ciudades y villas con privilegios especiales.

Esos tres estamentos eran el reflejo de la sociedad de órdenes típica de la sociedad feudal en que se desenvolvían, y de sus instituciones.

Las primeras Asambleas representativas de Europa surgieron claramente a fines del siglo XII en el

El estamento eclesiástico

Este estamento tuvo una relevancia especial en los Parlamentos, al estar basado el poder de los monarcas en el origen divino del mismo. Muchos de los representantes de este estamento pertenecían además a la aristocracia, como fue el caso de buena parte de los obispos de Tarragona, algunos de cuyos escudos se reproducen aquí.

El estamento nobiliario

Todos los nobles de cada reino se agrupaban en este estamento, que incluía tanto la alta como la baja nobleza, de la que es representativa el gentilhombre de la montaña que aparece en este dibujo. Era importante para los reyes contar con el apoyo de este grupo en las Asambleas, dada su capacidad para levantar ejércitos y aportar dinero para las necesidades militares de los monarcas absolutos.

Reino de León y, a lo largo del siglo XIII, en Castilla, la Corona de Aragón, Portugal, Sicilia, el Imperio germánico y alguno de sus Estados constituyentes, como Brandenburgo y Austria, así como en Inglaterra e Irlanda.

En el siglo XIV se desarrollaron Parlamentos en Francia, los Países Bajos, Escocia, los Estados italianos y Hungría. Y en el siglo XV aparecieron los Parlamentos de Dinamarca, Suecia y Polonia.

El creciente costo de las aventuras militares de los monarcas y el deseo de éstos de contar, en asuntos de interés común, con el consejo y el apoyo de los grupos significativos de sus reinos, estimuló la idea de representación. Esta fue un ingrediente esencial en el desarrollo de las instituciones parlamentarias. Así, se pasó de la función de consejo de los estamentos a la necesidad de la activa participación de los mismos en las Asambleas, para que los representantes de la nobleza, clero y ciudades aceptaran colaborar en cuestiones a las que no les obligaba su deber estricto con el monarca.

La actividad más importante de los Parlamentos fue la de aprobar impuestos, aun cuando participaran con frecuencia en tareas legislativas. A ello responde el dicho alemán de que «las asambleas representativas son asambleas financieras».

Estos antiguos Parlamentos, que en los siglos XIV y XV tuvieron su mayor auge, son de gran significado en el desarrollo de la cultura de la cristiandad latina y el occidente europeo. En España fueron considerados como representativos de todo el reino —aunque en realidad no fuera así— y como una parte normal de la maquinaria de gobierno. Sin embargo, las Asambleas representativas no se desarrollaron en la civilización bizantina o la rusa.

El declive de los Parlamentos se produjo a lo largo del siglo XVI, cuando las circunstancias impulsaron a los reyes a pensar que un régimen autocrático pero eficaz, era lo mejor para la prosperidad y la paz de sus reinos. El sistema más adecuado para ello era interrumpir las reuniones de los Parlamentos y, si esto no era posible, domesticar y hacer inofensivas esas Asambleas. De todos modos, los monarcas no siempre encontraron fácil esta tarea. En Inglaterra, por ejemplo, el enfrentamiento con el Parlamento le costó al rey la pérdida de una guerra primero (1640), y la de su cabeza unos años después (1649). De hecho, la historia de los Parlamentos antiguos es también la de las luchas de reyes y estamentos por el control del poder.

Hacia 1700 las Asambleas parlamentarias eran ya algo excepcional y anticuado en su organización y perspectivas. Con el estallido de la Revolución Francesa, en 1789, se dio fin a un período de la historia europea que, por sus especiales características, ha sido calificado como la *era de los estamentos*.

El estamento de las ciudades

Los representantes de la burguesía y de las capas adineradas de las ciudades y villas se reunieron en este estamento. Sin embargo, no todas las poblaciones contaban con esa representación en la «Europa de los estamentos» que se muestra aquí.

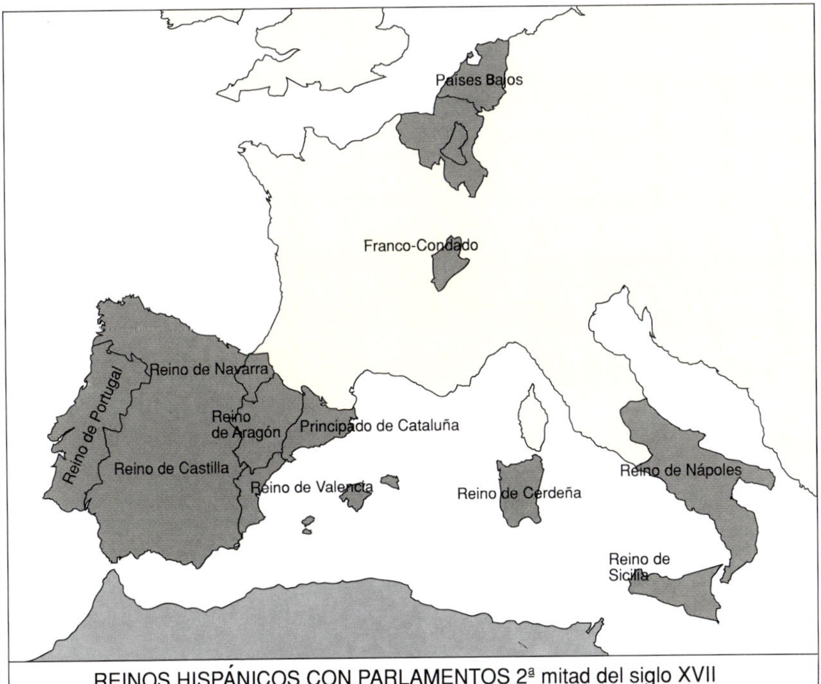

REINOS HISPÁNICOS CON PARLAMENTOS 2ª mitad del siglo XVII

2

Los parlamentos hispánicos

En el ámbito de los reinos y territorios que han configurado la monarquía hispánica, el Parlamento más antiguo fue el de las Cortes de León, cuya primera reunión tuvo lugar en 1188. Se constituyó como una Asamblea política caracterizada por la reunión de los *estados* del reino. De ahí que a las Cortes de Navarra, que aparecieron en 1300, se les llame a veces «Estados». Estos estados o estamentos, agrupados en brazos, se reunían y colaboraban con el monarca en las Cortes, esencialmente para dos cosas:

1) pedir el respeto a los privilegios de los grupos que representaban y el mantenimiento de los derechos del reino.

2) ofrecer a su señor los medios que precisaba para gobernar y llevar adelante su política.

Con algunas variantes, el esquema de las Cortes castellanas fue el que se aplicó a los demás Parlamentos hispánicos. Porque conforme se fue ensanchando la monarquía, los reyes españoles cuidaron el establecimiento de esas Asambleas políticas en sus nuevos te-

La función de aconsejar al rey fue una de las misiones iniciales de las Cortes, pero ésta perdió pronto protagonismo en favor de la ayuda económica, y también política, que los monarcas solicitaban en esas Asambleas. La petición de esas ayudas puso de relieve la debilidad del poder monárquico, lo que permitió a los Parlamentos exigir contrapartidas y tratar de hacerse indispensables en las tareas del gobierno. Las Cortes se reunían en iglesias, conventos o palacios, que no siempre eran tan suntuosos como el castillo-palacio de Olite, aquí reproducido, residencia de los reyes navarros.

rritorios, o el mantenimiento de las ya existentes. La razón no era desinteresada: los monarcas necesitaban de los Parlamentos para su acción de gobierno, dada la estructura de la sociedad de sus reinos. Donde esa necesidad no se produjo, no hubo Asambleas parlamentarias. Ese fue el caso del Ducado de Milán o de la América española. En este último territorio, de enorme extensión, la conquista y colonización hizo tabla rasa de toda distinción política, por lo que el rey no necesitaba de Parlamentos para gobernar.

Poco a poco fueron apareciendo Cortes en Cataluña (1218), Portugal (1254), Aragón (1274), Valencia (1283), Sicilia (1296), Navarra (1300), Cerdeña (1355), Nápoles (1443). Y durante la do-

La Corona de Aragón

Aragón, Cataluña, Valencia y los reinos italianos formaban la Corona de Aragón. Jaime II de Aragón, que aquí aparece en las Cortes de Barcelona, y que fue rey de toda la Corona, se preocupó de impulsar los Parlamentos en todos los reinos de la misma.

La Corona de Castilla

Los reinos de Castilla y León formaron el núcleo inicial de la Corona de Castilla. La primera Asamblea parlamentaria que se conoce en Europa tuvo lugar en León, en 1188, y a ella fueron convocados, por primera vez, los representantes de las ciudades. El rey prometió entonces que, en el futuro, consultaría a obispos, nobles y «hombres buenos» en cuestiones de paz y guerra, y que los tres estamentos serían citados a futuras reuniones de Cortes. De todos modos, el episcopado castellano-leonés había desempeñado ya antes un papel importante dando consejo a los monarcas, al representar a la esfera espiritual y considerarse entonces que el poder de los reyes procedía de Dios.

minación española, se mantuvieron los Parlamentos de los Países Bajos y del Franco Condado.

Ahora bien, aunque todos esos territorios tuvieron Asambleas políticas, éstas no respondieron a un modelo único. El rey las convocaba en Castilla cuando quería, para que las Cortes cumplieran con su deber de darle consejo; pero ni compartió con ellas la capacidad de hacer leyes, ni admitió que las Cortes limitaran, en derecho, sus poderes. Era, pues, un modelo de Cortes de base «autoritaria», al ser éste el carácter de la monarquía que las inspiraba y ser esa monarquía el elemento dominante en la dinámica de la Asamblea.

En los otros reinos y territorios la iniciativa de convocar los Parlamentos correspondía también al rey.

No obstante, éste se veía obligado a ello, si quería que le fuera reconocida su autoridad, al derivar ésta de un pacto político entre rey y reino.

De acuerdo con ese pacto, el monarca se comprometía en las Cortes a respetar los derechos y privilegios del reino; y éste, a cambio, le juraba fidelidad y se comprometía, a su vez, a concederle la ayuda que precisaba para gobernar.

Así se lograba limitar el ejercicio del poder real y dotar a estas Cortes de una potencia política que no tenían las castellanas. Se trataba, en consecuencia, de un modelo «pactista» de Parlamentos, que, lógicamente, tenemos que entender como tal en el contexto de la sociedad corporativa y estamental de la época.

Diversidad de Asambleas

Las diversas Asambleas parlamentarias hispánicas tuvieron características distintas. Sin embargo, a veces existieron parecidos con otras Asambleas europeas, como sucedió con las Cortes aragonesas y la Dieta polaca que aquí se representa (1590).

3

Las concesiones de Alfonso IX en el Concilio de León apuntan a una alianza entre eclesiásticos, nobles y representantes de las ciudades. El derecho a no ser condenado sin ser oído tiene su origen en esa Asamblea.

Las Cortes «autoritarias» de Castilla

La Asamblea del Reino de León de 1188 («Concilio de León»), que, convocada por Alfonso IX, se produce antes de la unión con Castilla, ha sido considerada la primera manifestación de Cortes hispánicas, y la primera Asamblea parlamentaria del mundo occidental. Sin embargo, no puede hablarse propiamente de Cortes hasta el siglo XIII.

Sus antecedentes se encuentran en la Curia Regia, en la que el rey llamaba a las personas destacadas del reino, para consultarles sobre cuestiones de gobierno. Ahora bien, las constantes luchas contra los moros, que los reyes de León y Castilla tenían que sostener para mantener su prestigio y dar recompensas territoriales a la aristocracia, suponían una importante sangría de recursos. De ahí que

los monarcas buscaran el apoyo de las ciudades, para obtener la ayuda militar y económica que necesitaban, sin ponerse exclusivamente en manos de una nobleza ambiciosa y poco disciplinada.

A ello respondió la convocatoria del Concilio de León antes mencionado, al que fueron llamados los representantes de las ciudades, junto con el clero y la nobleza. El resultado fue que el rey Alfonso IX prometió consultar, en los sucesivo, a obispos, nobles y «hombres buenos» de las ciudades, en cuestiones de paz y guerra, y que los tres estamentos que esos grupos representaban serían citados a futuras reuniones de Cortes.

Esas concesiones debilitaron el poder del monarca, quien tuvo que apoyarse muchas veces en unos estamentos para controlar a otros, y en todos para obtener ayuda. Lógicamente las Cortes se sirvieron de ello para exigir contrapartidas y llegar a acuerdos con el rey, que se vio obligado así a gobernar con el consentimiento de esas Asambleas.

Las primeras Cortes

En el claustro de la basílica de San Isidoro de León se reunió la primera Asamblea parlamentaria del mundo occidental. Fue, de hecho, una situación «pre-parlamentaria», pero de gran significado en la historia de nuestras Asambleas representativas.

Importancia de las Cortes

Las Cortes hispánicas desempeñaron un papel fundamental en el desarrollo político de los reinos. Fernando III el Santo, uno de los grandes reyes castellanos, contribuyó de manera importante al proceso de consolidación de la institución en Castilla, pese a mantener un fuerte control sobre la misma.

Consolidación de las Cortes

En 1250, cuando Fernando III el Santo reunió en Sevilla las Cortes de Castilla y León, éstas se habían convertido ya en una institución plenamente consolidada. La componían tres estamentos (eclesiástico, nobiliario y de las ciudades), y sus poderes crecieron de manera importante a lo largo de los dos siglos siguientes.

El rey informaba a las Cortes castellanas de los asuntos trascendentes, tanto de política interior como exterior, y recibía y respondía a las peticiones de aquéllas. Además, promulgaba ante la Asamblea las leyes más importantes. Las Cortes, por su parte, juraban fidelidad al heredero de la Corona y aprobaban la concesión del *servicio*, esto es, de la ayuda solicitada por el rey, que podía ser de hombres, de dinero o de ambas cosas.

El poder de las ciudades

Entre 1275 y 1325 las ciudades se esforzaron en limitar la influencia de la monarquía e imponerle que compartiera el poder con sus representantes a través de las Cortes, cuyas sesiones, de 1282 a 1325, fueron casi anuales. Estos representantes, llamados *procuradores*, recibían por escrito de sus ciudades instrucciones detalladas, y de las que no podían desviarse, de lo que debían hacer en las reuniones de Cortes. Así, caso de que se plantearan peticiones ingratas o excesivas, los procuradores jugaban con ventaja en relación al rey, al verse obligados a consultar con sus ciudades.

De todas formas, tener voz y voto en Cortes no era un derecho de las ciudades. Era un privilegio, celosamente defendido, que, desde el siglo XV, sólo tenían 17 ciudades, a las que se sumó Granada tras ser reconquistada por los Reyes Católicos. Por otra parte, el número de personas elegibles para procuradores era muy restringido, al limitarse casi siempre al patriciado urbano, es decir, a grupos asimilados a la nobleza. Se trataba, pues, de un estamento relativamente representativo.

Debilidad de los «procuradores»

Los representantes de las ciudades, llamados «procuradores» en Castilla, tenían una capacidad de maniobra muy limitada, entre otras cosas, por el hecho de que sus sueldos y gastos de asistencia a las sesiones de Cortes eran sufragados por las mismas ciudades. Ni siquiera en Aragón se libraron esos representantes de esta limitación.

Debilidad de las Cortes

El sucesor de Alfonso XI, Pedro I (en la imagen), sólo reunió formalmente Cortes una vez, al comienzo de su reinado (1351). El progresivo debilitamiento de las Cortes se debió, en parte, a los desacuerdos entre sus representantes. Por ejemplo, de 1348 a 1570, los «procuradores» de Toledo y Burgos se enfrentaron por cuestiones de protocolo, llegando casi a la agresión física. Y en las Cortes de 1506, unos y otros gritaron tanto que nadie pudo entender lo que decían.

Auge y decadencia

Al término del período en que el papel de las Cortes se vio acrecentado (1282-1325), Alfonso XI restauró la autoridad monárquica, al aplastar una revuelta de la mayor parte de la nobleza y establecer una alianza con la nobleza urbana de los caballeros. Estos habían concentrado, años antes, todo el poder de las ciudades.

Con la llegada de una nueva dinastía a la Corona castellana, la de los Trastámara (1369), las Cortes se fortalecieron de nuevo, al buscar esos monarcas el apoyo de las mismas. Pero éstas, ni lograron frenar el ascenso de la aristocracia, ni consolidar algunas de sus conquistas, como la presencia de los procuradores en el Consejo Real o el control de las reformas políticas y financieras de los monarcas. Ello probó claramente la ausencia del pacto formal entre Cortes y Corona, que existía en los otros Parlamentos hispánicos.

La decadencia de las Asambleas castellanas, que se inicia en el siglo XV, corre pareja con el ascenso decidido del poder de la aristocracia, iniciado en el siglo anterior. Los procuradores se dedicaron a defender los intereses de la alta nobleza, en lugar de las aspiraciones de las ciudades. Y, a partir de las Cortes de 1480, los representantes de éstas recibieron ya su salario del rey, quien lo obtenía de los servicios que ellos mismos votaban.

Los Reyes Católicos procedieron a controlar a los estamentos y disminuyeron las facultades de las Cortes castellanas. Con Carlos V (1517), se produjo un enfrentamiento del rey con las ciudades en las Cortes de 1518 por los poderes de los procuradores. En la Asamblea de Toledo de 1538, el choque fue con la nobleza y el clero —que gozaban del privilegio de no pagar impuestos— por el establecimiento de una tasa sobre los alimentos, que todos deberían pagar. El emperador cedió, pero a partir de entonces, nobles y eclesiásticos no fueron convocados más a Cortes. Así, al término del reinado de Carlos V, el Parlamento de Castilla no era más que una Asamblea del Consejo del rey con los procuradores de las ciudades. No obstante, las Cortes siguieron convocándose, de modo irregular, en la segunda mitad del siglo XVI y a lo largo del XVII, ya que los monarcas seguían necesitando de ellas para obtener subsidios y establecer impuestos. Pero nunca llegaron a tener el prestigio y la influencia de que habían gozado en el siglo XIV. Es significativo, por ejemplo, que, cuando las Cortes de Valladolid de 1555 piden que «lo proveido en Cortes no se revoque sino en Cortes», el rey responda que «en esto se hará lo que más conviniere a nuestro servicio».

Esplendor pasajero

Enrique II y su hijo Juan I, primeros reyes de la dinastía castellana de los Trastámara, inauguraron un período de esplendor de las Cortes de Castilla, que no se prolongó durante mucho tiempo. El progresivo fortalecimiento de la nobleza hizo que la Asamblea representativa castellana fuera perdiendo influencia de modo progresivo. A partir del siglo XV, las Cortes se limitaron a intervenir en cuestiones relacionadas con la realeza y la alta administración. La elaboración de leyes, función principal de la institución, se hacía al margen de ésta y con independencia de los organismos parlamentarios. El absolutismo de los monarcas castellanos se fue así consolidando de manera irreversible.

Conquistas sociales

En las Cortes de Valladolid de 1351, se estableció que ningún hombre o mujer, apto para el trabajo, pudiera dedicarse a pedir limosna. Sin embargo, la escasa representación de las ciudades y villas castellanas en Cortes y la persistencia de una fuerte sociedad estamental, impidió la profundización de esas conquistas.

Conquistas y debilidades

¿Cuáles fueron entonces los logros de las Cortes de Castilla en su pugna con los monarcas? En primer lugar, la completa libertad de expresión en sus reuniones y la inmunidad de ser arrestados sus asistentes durante las mismas. Por otra parte, las Cortes consiguieron: que el rey no estableciera impuestos extraordinarios sin autorización específica de la Asamblea; el derecho a presentar peticiones que, de ser concedidas, podían convertirse en la base de futuras leyes; tener que ser consultadas en todos los asuntos de importancia para el bienestar del reino; establecer la obligación de los nuevos reyes de jurar y observar las leyes del reino en presencia de las Cortes.

Se trató de conquistas apreciables, aunque limitadas principalmente por los siguientes *problemas:*

1) El derecho de los monarcas de convocar Cortes cuando querían y a quien querían.

2) La exención de clero y nobleza de pagar impuestos, lo que impedía a los representantes de las

ciudades —los procuradores— pedirles ayuda en las discusiones de carácter económico.

3) La negativa de los reyes a aceptar que ciertos impuestos, como la alcabala, fueran controlados por las ciudades al ser extraordinarios, esto es, no aprobados en Cortes.

4) La ausencia del derecho a compartir con el rey la responsabilidad de elaborar las leyes.

La desunión entre los tres estamentos aumentó los efectos de esos problemas. Por ello, cuando la Corona afianzó su poder en el siglo XVI, aplicó el principio de «divide y vencerás», con resultados extraordinarios. Pese a ello, las Cortes mantuvieron en todo momento algún grado de fuerza política, por dos razones fundamentales: ser un lugar donde se denunciaban las infracciones del rey y se debatían en público grandes cuestiones de interés general; y conceder los servicios al monarca y fijar la cuantía de los mismos.

La situación y vicisitudes en los otros Parlamentos hispánicos fueron bastante distintas.

Injusticia distributiva

Los campesinos y los trabajadores de las ciudades, como los herreros que aquí se representan, fueron quienes soportaron el peso de las contribuciones económicas aprobadas en Cortes. La nobleza y el clero gozaban del privilegio de no pagar impuestos, lo que creaba una situación de enorme desigualdad distributiva. Ello se reflejaba en las discusiones y los resultados de las reuniones de Cortes.

4

El pacto político entre rey y reino en los territorios no castellanos de la monarquía hispánica, dotó a sus Parlamentos de mayor poder político que a las Cortes castellanas, al establecerse una limitación al ejercicio del poder de los reyes.

Los parlamentos pactistas de la monarquía hispánica

Las Cortes de la Corona de Aragón (Aragón, Cataluña, Valencia y la Italia hispánica), Navarra, Portugal, los Países Bajos y el Franco-Condado tenían una reglamentación más estricta que las Cortes de Castilla y una división en *brazos*, en los que se agrupaban los distintos estamentos. Su fundamento político era también distinto.

El pactismo

El ideal pactista, de contrato de gobierno entre rey y reino, representado por las Cortes medievales, constituyó un legado a la conciencia colectiva que, durante la «era de los estados», mantuvo en los territorios antes mencionados las ideas de participación y libre consentimiento político. Esto se manifestó de manera muy especial en la Corona de

Aragón, construida mediante la armonía entre «imperio» y «libertad». La integración de sus reinos era una unión entre iguales; en ellos, el rey con el Parlamento, esto es, rey y reino, constituían simbólicamente la encarnación del cuerpo político. De ahí que el escritor político aragonés, Jerónimo de Blancas, al hablar de las Cortes dijera: «estando el Rey y las Cortes juntas, todo lo pueden».

Ese dualismo se tradujo en una unidad de acción para el bien común bajo la batuta real. La expresión Cortes implicaba aquí la presencia conjunta de ambas partes, y esa filosofía de pacto, radicalmente distinta a la castellana, orientó desde el principio el comportamiento y la evolución de estos Parlamentos.

Unidad y diversidad

El «pactismo» fue la filosofía política que sirvió de elemento común a todos los parlamentos de los territorios no castellanos de la monarquía hispánica. Cada Asamblea, sin embargo, conservó sus peculiaridades y, en líneas generales, consiguió los medios de ejercer un control legislativo y financiero efectivo. Los reyes, por su parte, al ser monarcas de varios territorios a la vez, debían desplazarse a los distintos reinos para tener Cortes en ellos. Este fue el caso, por ejemplo, de Jaime I de Aragón, a quien vemos aquí presidiendo las Cortes de Cataluña. Con el fin de limitar esos desplazamientos, en la Corona de Aragón, el rey convocaba conjuntamente «Cortes Generales» a todos los reinos en un mismo lugar.

La Corona de Aragón

La Corona de Aragón

Las Asambleas de estos territorios se reunían bajo la presidencia del rey, su lugarteniente o el virrey y gobernador general. Podían ser de dos tipos: Cortes generales y Cortes particulares. En las primeras, el rey convocaba generalmente a representantes de Aragón, Cataluña y Valencia conjuntamente; también podía convocar a los de los territorios italianos, pero sucedió en muy pocas ocasiones. Estas reuniones se celebraban siempre en Monzón o Fraga, en el Reino de Aragón. Y en una de ellas, las de Monzón de 1367, se pidió por primera vez un servicio en dinero; era para pagar mil lanzas en la guerra de Francia. En las Cortes particulares se convocaba a los reinos separadamente y a ellas asistían sólo los naturales de éstos. Podían reunirse en la localidad que el rey quisiera, siempre que tuviera, al menos, 400 casas.

La iglesia de Santa María, en la ciudad aragonesa de Monzón, fue lugar de frecuente reunión de Cortes Generales de la Corona de Aragón, a partir del siglo XVI. Esa iglesia sirvió asimismo para la celebración de Cortes particulares a Valencia, al quedar a poca distancia de Zaragoza y de Lérida, donde el rey solía reunir a los aragoneses y catalanes al mismo tiempo que a los valencianos.

Una *Diputación* del reino, o comité permanente de las Cortes, aseguraba la vigilancia de la aplicación de las leyes en los períodos entre reuniones de los Parlamentos, y la administración de los fondos públicos. La Diputación estaba formada por dos miembros de cada brazo.

Las Cortes aragonesas se desarrollaron más tarde que las castellanas, pero gozaron de privilegios mucho más importantes. Tenían cuatro brazos: el eclesiástico; el nobiliario, que reunía a la alta nobleza; el de los caballeros, formado por la baja nobleza; y el de las «universidades», que reunía a los representantes de las ciudades y villas con voto en Cortes, que en la Corona de Aragón se llamaban «síndicos». Todas las decisiones de este Parlamento debían ser aprobadas por unanimidad de los cuatro brazos. De ahí que llegara a afirmarse que «la promulgación de cualquier ley en Aragón era poco menos que un milagro».

La existencia de un estamento especial para la pequeña nobleza ponía de relieve el peso nobilia-

Cortes aragonesas

Las Cortes del reino de Aragón empezaron a formarse en el siglo XIII. La fuerte presencia de la nobleza en este Parlamento se puso de relieve en el hecho que fue el único Parlamento hispánico en el que existieron dos brazos nobiliares: el de ricoshombres o magnates y el de hidalgos o caballeros.

Cortes aragonesas

El apresamiento del secretario real, Antonio Pérez, por parte de las tropas reales, provocó un importante enfrentamiento entre el rey y las Cortes. Antonio Pérez se había acogido a la protección de el Justicia de Aragón, representante por excelencia de las libertades aragonesas. Felipe II violó así los privilegios de este reino.

rio en Aragón, y hacía de los cuatro brazos de estas Cortes una singularidad en el conjunto de los parlamentos europeos, que normalmente estaban formados por tres estamentos. De todos modos, también en Europa había excepciones.

A diferencia de Castilla, esta Asamblea tenía que reunirse periódicamente, cada dos años. Este requisito, aunque no se respetó siempre, resalta el carácter de estas Cortes, cuyo acuerdo era esencial para aprobar toda legislación y todos los servicios, tanto ordinarios como extraordinarios.

La misión de salvaguardar en todo momento los importantes derechos de las Cortes, la tenía el Justicia de Aragón, representante por excelencia de las libertades aragonesas, e institución única en toda la Corona de Aragón.

Carlos V no pudo doblegar este Parlamento, como había hecho con el castellano. En cambio Felipe II, que sólo lo convocó dos veces, sí pudo romper la capacidad de resistencia de las Cortes, cuando la nobleza se rebeló a causa de los sucesos

ocurridos por la persecución y apresamiento del secretario del rey, Antonio Pérez, en 1591-92. No obstante, las Cortes, aunque más dóciles ya, lograron una cierta recuperación y navegaron con más fortuna incluso que las de Cataluña o Valencia en la difícil encrucijada de 1626, cuando Felipe IV quiso forzar la unidad de todos los reinos hispánicos a través de la Unión de Armas.

Las Cortes catalanas eran algo diferentes a las aragonesas en su organización, pero igualmente poderosas en los siglos XIV y XV. Se establecieron plenamente en 1283, cuando Pedro III prometió convocar una vez al año una Asamblea de nobles, clero y ciudadanos para discutir los asuntos del reino. Este Parlamento estaba formado por los tres brazos clásicos: eclesiástico, militar o nobiliario, y real o de las ciudades. En este último, la ciudad de Barcelona dominaba abrumadoramente sobre las demás ciudades y villas con voto en Cortes. Por lo que se refiere a la regla de la unanimidad, sólo exis-

Cortes catalanas

A diferencia de Aragón, en Cataluña no existía el cargo de Justica, pero el control sobre la legislación, las finanzas, la administración y la política era el mismo. Los representantes de las ciudades y villas eran todos iguales, en teoría. En la práctica, los «consellers» de Barcelona dominaban sobre los demás.

tía aquí para el brazo militar, lo que hacía más fácil que en Aragón alcanzar acuerdos.

La Diputación del General, o *Generalitat*, se creó en el Principado de Cataluña en 1359 y, al igual que en Valencia, llegó a convertirse en representación permanente de las Cortes —y por tanto de Cataluña— con las atribuciones políticas de éstas.

De todos los territorios de la Corona de Aragón, fue en éste donde la institución parlamentaria alcanzó un desarrollo mayor, y donde el equilibrio rey-Parlamento fue más ajustado. A ello contribuyó de manera importante la aceptación del sistema político tradicional del Principado, profundamente pactista, por parte de Fernando el Católico, en las Cortes de 1480-81.

Las excelentes relaciones entre la realeza y Cataluña duraron hasta las Cortes de Barcelona de 1599, únicas que convoca Felipe III. A partir de entonces, y conforme aumenta la presión de Felipe IV para dominar este Parlamento, comenzaron los problemas. Estos se plantearon abiertamente en las Cortes de 1626 y culminaron con la revuelta catalana de 1640, que estuvo a punto de provocar la separación de Cataluña de la monarquía hispánica. Esta revuelta estuvo capitaneada precisamente por la *Generalitat*, símbolo tradicional de las libertades del Principado.

Con todo, el propósito de Felipe IV fracasó y, a partir de 1652, el pactismo catalán recuperó su esencia y salió reforzado de la prueba, al confirmar a Cataluña sus privilegios al año siguiente.

El Reino de *Mallorca*, aunque políticamente independiente, estuvo subordinado económicamente a Cataluña desde mediados del siglo XIV, cuando el rey aragonés Pedro el Ceremonioso lo incorporó a sus dominios. Aquí no existieron nunca Cortes. Dada la reducida extensión del archipiélago, había un *Consell General* en la capital de cada isla, que dirigía los asuntos de la misma.

Cortes catalanas

Pedro el Ceremonioso incorporó el reino de Mallorca a los territorios de la Corona de Aragón. Sin embargo, el reino no tuvo nunca Cortes propias, al integrarse en las Cortes catalanas la representación estamental de las islas. Como alternativa, se crearon los «Consells Generals» en cada una de las islas del archipiélago, si bien éstos nunca fueron una auténtica Asamblea parlamentaria.

Las Cortes valencianas fueron creadas también según el espíritu pactista de la Corona de Aragón. Constaban de tres brazos y, al igual que en Cataluña, solamente el brazo militar adoptaba las decisiones por unanimidad.

La *Generalitat* valenciana, que surge a fines del siglo XIV, se preocupó desde el primer momento por mantener el equilibrio de poder entre el rey y el reino. Sus miembros o diputados (dos por cada brazo) eran elegidos por «insaculación», un sistema de sorteo entre personas previamente seleccionadas.

Durante el siglo XVI fueron perdiendo eficacia dos de las características principales del Parlamento valenciano: el reconocimiento de los «agravios», o violaciones de las leyes de Valencia por parte de

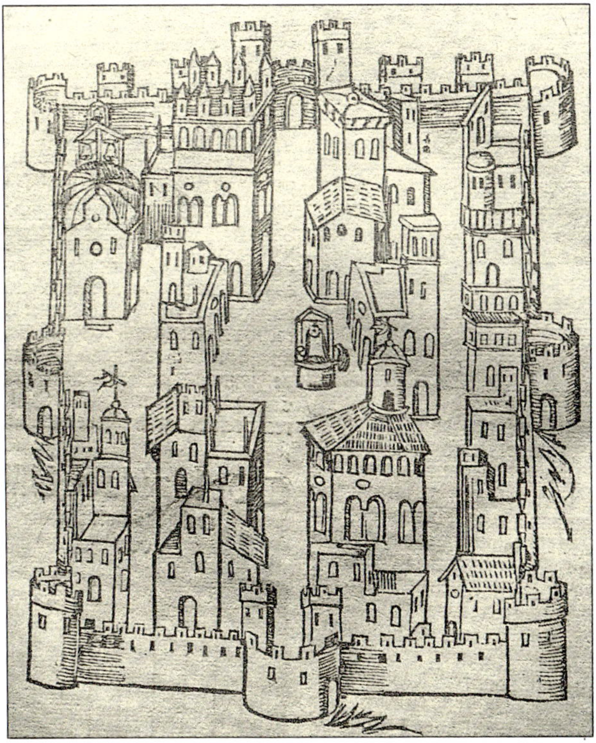

Cortes valencianas

Las Cortes del reino de Valencia fueron las últimas en constituirse en los territorios peninsulares de la Corona de Aragón. El rey estaba obligado a convocarlas el primer año de su reinado, para jurar en ellas los fueros y leyes valencianas. Además, y al igual que en Aragón, el monarca debía reunir las Cortes cada tres años. En la práctica nunca sucedió así y la frecuencia en convocar Cortes dependió de las necesidades de los reyes y de su respeto a la institución parlamentaria. La madurez y consolidación de este Parlamento se produjo en los siglos XIV y XV, entrando en claro declive en el siglo XVII.

Cortes valencianas

los representantes reales, y el carácter pactado de la legislación entre el rey y los representantes del reino. Carlos V convocó estas Cortes seis veces. Aunque debían reunirse cada tres años, Felipe II sólo las convocó en dos ocasiones y Felipe III en una, en 1604. A partir de esta fecha se inició claramente la decadencia de este Parlamento.

Felipe IV, en las primeras Cortes que reunió, las de Monzón (1626), violó las leyes y costumbres del reino e impuso su proyecto de la Unión de Armas. Con ello logró establecer una especie de contribución económica permanente y, en la práctica, suprimir las funciones legislativas de las Cortes. De este modo el pactismo, en Valencia, se había convertido en papel mojado. Las segundas y últimas Cortes de Felipe IV, las de 1645, fueron ya un mero trámite.

El brazo militar era muy numeroso en las Cortes valencianas. Lo formaban nobles y caballeros, llegando a ser 500 en las Cortes de 1645. El brazo real, aquí representado, lo formaban representantes de 23 ciudades y villas a principios del siglo XVI, aumentando hasta 33 a finales del XVII. En este mismo siglo, el brazo eclesiástico llegó a tener 19 representantes. Todos ellos constituían la representación del reino de Valencia, teniendo como misión la defensa de los intereses de éste. No obstante, serían incapaces de contener el avance del autoritarismo real y la sumisión de Valencia a los intereses del monarca en la decisiva conyuntura planteada en 1626.

Navarra

Se puede hablar de Cortes de Navarra a fines del siglo XIII o principios del XIV. Estas se constituyeron, por tanto, más tarde que en los demás reinos peninsulares. En cambio, fueron las que más duraron, ya que sobrevivieron hasta 1828, cuando hacía tiempo que los demás Parlamentos de la península habían desaparecido.

El rey era quien convocaba estas Cortes. El monarca, o el gobernador del Reino, las presidía, pero ningún fuero podía ser impuesto o modificado sin el consentimiento de los tres estados.

Fue precisamente la defensa a ultranza de sus fueros y la idea de que el Reino elige al rey, lo que permitió a los estados navarros romper su vinculación con Francia en 1328 y nombrar su propia reina. Esto hizo sentirse a los «estados» dueños de su propio destino, y permitió desempeñar a sus Cortes, al constituirse como tales en el siglo XIV, una función política y constitucional de primera magnitud.

Cortes de Navarra

Estas Cortes fueron las últimas en constituirse y las últimas en desaparecer. En esta ilustración vemos los escudos de los principales linajes navarros, todos ellos representados en Cortes y presididos por el condestable de Navarra. El Parlamento navarro se reunió, desde sus comienzos, cada dos años. Pero a partir de 1617, el ritmo de sus reuniones fue trienal.

Cortes de Portugal

El desarrollo de estas Cortes se debe al deseo de los estamentos de proteger los derechos locales y sus privilegios de clase. Sin embargo, al revés de lo que sucede en Navarra, las Cortes portuguesas evolucionaron de un modelo pactista a uno autoritario. Ello se debió a la reacción de las ciudades y el clero frente a la nobleza y a favor de la Corona en el siglo XV. Lisboa, aquí representada, fue el centro de la acción política portuguesa.

Portugal

Las primeras Cortes portuguesas conocidas son las de Coimbra (1253). Estas se desarrollaron en condiciones análogas a las de Castilla y León. Se trataba, pues, de unas Cortes más bien «autoritarias» durante el período medieval; sin embargo, en momentos de crisis «nacional» dieron su apoyo a la portuguesa Casa de Avis (Juan I, 1385-1433), frente a los derechos dinásticos de Juan I de Castilla.

La institución parlamentaria, organizada en tres estamentos, se mantuvo, no obstante, tras la separación de Portugal de Castilla. En el período de incorporación de Portugal (1580-1640) a la monarquía española, sus Cortes se reunieron en tres ocasiones, para conceder servicios a los reyes, jurar al heredero de la Corona y tomar juramento a los nuevos monarcas. Las más importantes fueron las de Tomar, de 1581, en las que se aceptó formalmente la incorporación de Portugal a la Corona castellana, y se fijó el principio de una monarquía dualista: un rey con dos coronas, cada una con su propio gobierno y conservando sus derechos.

La Italia hispánica

Al existir una fuerte tradición de Cortes en la Corona de Aragón, los reyes consideraban que la colaboración parlamentaria en los impuestos y el mecanismo de la «reparación de agravios» eran una parte lógica y natural de la maquinaria de gobierno. Por eso las instauraron también en sus territorios italianos —Cerdeña, Sicilia y Nápoles—, donde los parlamentos hispánicos de principios del siglo XVI fueron los más importantes de la península italiana. Todos ellos tuvieron tres brazos.

Cerdeña. Pedro IV de Aragón convocó el primer Parlamento sardo en 1355, con el fin de asegurar su autoridad frente a los genoveses, que pretendían tener derechos sobre la isla.

Ahora bien, hasta que Fernando el Católico reunió el Parlamento de 1481-85, los poderes de la Asamblea no estuvieron bien establecidos. El objeto de la reunión fue el de establecer impuestos para proteger a la isla de la amenaza turca.

Parlamento de Cerdeña

Aunque los estamentos sardos veían en el Parlamento un instrumento para frenar el absolutismo monárquico, el arzobispo de Cagliari (1560), recogía la opinión popular de que «todo el mundo entiende que este Parlamento se hace sólo por sacar algunas cantidades de dinero con que gratificar amigos en esta Corte». Abajo, una de las torres para la defensa de Cerdeña.

Parlamento de Sicilia

La gran vitalidad de este Parlamento y los poderes que llegó a reclamar, obligaron a Fernando el Católico a moderar su actividad, contrariamente a lo que sucedía con los Parlamentos de Cerdeña y Nápoles. El Parlamento siciliano participaba en las tareas legislativas, pero no tenía el derecho exclusivo de hacer leyes y no podía insistir en ninguna propuesta contra el deseo del monarca.

Hubo ocasiones, a fines del siglo XV, en que el Parlamento de Cerdeña afirmó su autoridad incluso frente a los virreyes. Pero con el establecimiento de la Real Audiencia, órgano representativo del poder real, en 1564, se afirmó progresivamente el absolutismo monárquico y, paralelamente, se deterioró el mecanismo pactista. Era lo que querían los reyes.

Así, la institución parlamentaria sarda fue una reproducción, a escala reducida, de las Asambleas peninsulares de la Corona de Aragón. Pero se reunió con gran irregularidad, su funcionamiento fue más precario y sus atribuciones más modestas.

Sicilia. Este Parlamento, que comenzó a organizarse en 1296 con Federico II de Aragón, fue el de mayor vitalidad de los tres parlamentos de la Italia hispánica. Hay que tener en cuenta que, aunque no fueran Parlamentos en sentido estricto, Sicilia había tenido Asambleas representativas desde la época normanda.

Con la reunión de Siracusa de 1398, la Asamblea siciliana asumió las funciones y la estructura de las Cortes de Aragón y Cataluña. Fue en aquel momento, cuando se creó también su Diputación permanente.

Los poderes que llegó a reclamar este Parlamento fueron tales, que Fernando el Católico se vio obligado a poner freno a la Asamblea, para evitar un excesivo poder de ésta. Aún así, hubo ocasiones en que el rey tuvo que ceder frente a las exigencias del Parlamento, como en 1636, cuando éste se opuso a la introducción del servicio militar obligatorio para cierta categoría de personas, porque ello violaba los privilegios de la isla.

Generalmente la Asamblea era convocada cada tres años, con el fin de que votara el donativo ordinario. Su privilegio más importante, y el más celosamente defendido a la vez, era el de control de impuestos.

A pesar de su poder, el Parlamento siciliano no fue nunca un serio problema para los reyes. El sistema político daba suficiente margen al virrey para maniobrar a favor del monarca y, además, la clase dirigente de Sicilia era básicamente leal a la monarquía. Esto era, en definitiva, lo que importaba a los reyes absolutos.

Nápoles. En el Reino de Nápoles el Parlamento fue organizado por Alfonso de Aragón, en 1442, tras culminar su conquista. Aunque contaba con tres estamentos, el Parlamento napolitano, en la práctica, era un órgano exclusivo de la nobleza. De hecho, no se podían imponer nuevos impuestos «sin Parlamento», prerrogativa que fue defendida con intransigencia por los nobles; se trataba de una clara manifestación de su fuerza contractual frente a la monarquía.

Parlamento de Nápoles

Este Parlamento estuvo dominado, desde sus orígenes, por la nobleza napolitana. La situación, sin embargo, empezó a cambiar a partir de la revolución de 1647. En el siglo XVI se reunió en unas cuarenta ocasiones, estando establecido que se convocara cada dos años, al expirar entonces el «donativo» del reino.

Parlamento de Nápoles

La ciudad de Nápoles era el elemento dominante en el estamento de las ciudades. Allí se gestaban las embajadas del Parlamento napolitano a Madrid, a las que tanto temían los virreyes españoles, a causa del poder de esta Asamblea parlamentaria.

El estamento eclesiástico no era convocado normalmente, aunque, en teoría, formaba parte de la Asamblea, probablemente a causa de sus inmunidades y privilegios. Y en cuanto al estamento de las ciudades, la de Nápoles era el elemento preponderante.

En principio, el Parlamento napolitano tenía que ser convocado cada dos años, para renovar el servicio o donativo al monarca. No obstante, desde mediados del siglo XVI se reunió de forma irregular y, a partir de 1642, no se volvió a convocar. Ni al rey ni a los estamentos les preocupó mucho este hecho. La Diputación, dominada por la nobleza, se encargaba de reemplazar, en lo que le convenía, las funciones de la Asamblea del Reino.

Los Países Bajos y el Franco Condado

Tras la muerte de la Reina Católica, Isabel, pasó a ser rey de Castilla, en 1505, el marido de su hija Juana, Felipe el Hermoso, que era duque de Borgoña, príncipe de los belgas e hijo del emperador Maximiliano de Austria. Fue entonces cuando el Parlamento de los *Países Bajos*, esto es, los Estados Generales, pasaron a formar parte del mapa parlamentario español. Los Estados Generales neerlandeses reunían a representantes de las *XVII Provincias,* que formaban la Federación de los Países Bajos. Las Provincias, a su vez, tenían sus propios Estados regionales. Ello hacía que los Estados Generales fueran una Asamblea de diputados con instrucciones estrictas y limitadas, enviadas por los Estados provinciales. El estamento de las ciudades era el más poderoso en Flandes, Brabante, Holanda y Zelanda, que eran las Provincias con un comercio intercontinental y las más urbanizadas. Por ello,

Los Estados Generales

La Asamblea parlamentaria de los Países Bajos (en la imagen) recibió la denominación de Estados Generales. En ellos, se reunían representantes de todas las Provincias que formaban la Federación de los Países Bajos y en las cuestiones importantes no podía haber desacuerdo entre ellos. Se trató de un Parlamento reducido pero de enorme poder.

Olivares

El poderoso Conde-Duque de Olivares (en la imagen), valido de Felipe IV y uno de los personajes más poderosos de la España de los Austrias, sufrió un fracaso espectacular en su enfrentamiento con los Estados Generales. Intentó terminar con ellos sobre la base de que no se volvieran a reunir. Y lo único que consiguió fue acelerar la insurrección de los Países Bajos, capitaneada precisamente por el Parlamento que quería suprimir.

aunque cada Provincia era un voto, esas cuatro eran las que pagaban las tres cuartas partes de los donativos con que las *XVII Provincias* participaban en la hacienda del príncipe. Esto hacía que sus representantes controlaran, en la práctica, los Estados Generales, que, entre 1488 y 1559, fueron convocados una media de dos veces al año.

De todas las Asambleas parlamentarias hispánicas, la neerlandesa fue, sin lugar a dudas, la más reducida en número y la que tuvo más poder frente a los monarcas. Los tres sucesores de Carlos V temieron a los Estados Generales, y no sin razón. A partir de 1559, Felipe II sólo los convocó en 1569 y 1598.

La resistencia de los Países Bajos a la autoridad del monarca había partido de los mismo Estados Generales cuando, desde septiembre de 1576, usurparon el poder soberano, reuniéndose por propia iniciativa, promulgando órdenes reservadas a la autoridad del monarca y aceptando sólo una soberanía ficticia del rey. En julio de 1581 emitieron el «Acta de abjuración» de lealtad a Felipe II.

Los problemas para la monarquía no cesaron desde entonces. El Conde-Duque de Olivares, el poderoso valido de Felipe IV, intentó terminar con esa resistencia. No lo consiguió. Las Provincias Unidas, capitaneadas por sus Estados, terminaron logrando su separación de la Corona española tras una larga y sangrienta guerra (1648). Se creó así la República de las Provincias Unidas de Estados soberanos (*Belgium Confoederatum*). Los 24 miembros de sus Estados Generales, dotados de soberanía delegada en asuntos exteriores, recibían el tratamiento de «Su Alto Poder».

No obstante, la parte meridional de los Países Bajos, que fue reconquistada por las tropas españolas y recatolizada por la Contrarreforma, siguió unida a la monarquía hispánica hasta 1713-1714. Allí los Estados Generales de los denominados Países

Bajos Regios («Belgium Regium») sólo fueron convocados en 1559 y, por última vez, en 1632-34. Los Parlamentos provinciales, sin embargo, siguieron reuniéndose.

La herencia de la duquesa María de Borgoña, casada con Maximiliano de Austria, fue también lo que permitió a Felipe el Hermoso incorporar el *Franco Condado* a la monarquía hispánica. Su Parlamento estaba plenamente constituido a mediados del siglo XVI. Estaba formado por tres cámaras o estamentos: la de la Iglesia, que encabezaba el obispo de Besançon; la de los nobles, que reunía a los gentilhombres con feudo en la provincia; y la de las ciudades, compuesta por representantes del patriciado urbano.

Esas tres cámaras deliberaban separadamente, tomaban las decisiones por mayoría y tenían idénticos derechos. Su principal prerrogativa era el poder financiero, del que derivaban los derechos políticos de este Parlamento.

La burguesía ciudadana

Los síndicos del gremio de pañeros, que aquí aparecen en un cuadro de Rembrandt, son un ejemplo típico de la burguesía ciudadana representada en los Estados Generales. Sus miembros pertenecían al pequeño patriciado de oligarquías calvinistas que concentraba el gobierno de las ciudades. Todos ellos compartían los mismos valores morales y vitales.

5

El estamento más insolidario de todos fue el eclesiástico. Conocía su influencia con los monarcas y se atrincheraba en sus privilegios cuando le era posible, aunque fuera contra los intereses de los otros estamentos o del reino. Era, no obstante, el primero en votar las contribuciones económicas, seguro de que al final su aportación sería insignificante.

El final del ciclo antiguo

La primera conclusión a la que se llega, al repasar la historia de los antiguos parlamentos hispánicos es que, si servían a alguien, además del monarca, era a los miembros de las clases privilegiadas de los reinos. Pero, ¿quiénes eran exactamente esos miembros? ¿Se beneficiaban todos por igual? ¿Estaban de acuerdo entre ellos?

El estamento eclesiástico estaba formado por los arzobispos, obispos, abades y priores de los principales monasterios, representantes de los cabildos catedralicios y los maestres de las Órdenes Militares. Estos últimos, en Aragón, pertenecían al estamento militar. No era un grupo numeroso y su principal objetivo en Cortes era obtener nuevos privilegios y la exención de los escasos derechos que pagaban. Protocolariamente era el primero de los tres brazos y, en la Edad Media, su participación fue importante en Castilla por su autoridad moral.

En el seno de este estamento se plantearon a veces disputas por cuestiones de precedencias, como

la sucedida en las Cortes de Lisboa de 1619. En ellas los arzobispos de Lisboa y Braga se excomulgaron mutuamente, lo que llevó al rey a ordenar al primero que saliera de la capital.

El estamento nobiliario o militar, integrado por la alta y baja nobleza, era casi siempre el más numeroso de todos. Su importancia varió de unos Parlamentos a otros, pero, en general, tuvo una influencia mucho mayor en la Corona de Aragón. Los monarcas sabían recompensar siempre, con honores y privilegios, a los nobles que defendían disciplinadamente su causa en las reuniones de Cortes. En Castilla, como hemos visto, el rey dejó de convocarlas a principios del siglo XVI y, consecuentemente, el estamento perdió todo interés en la dinámica parlamentaria.

Al estamento de las ciudades, también llamado de las universidades o real, pertenecían todas las ciudades y villas con voto en Cortes. El número varió, según épocas y territorios. Así, por ejemplo, en Castilla llegaron a ser 20; en Navarra, 38; en

La nobleza

Reunidos, como ya sabemos, en el brazo militar, los nobles estaban obligados a asistir a las reuniones de Cortes siempre que les convocara el rey. En 1301, Jaime II de Aragón quitó, como castigo, los honores a los nobles aragoneses que no pudieron asistir a las Cortes por él convocadas.

Las ciudades

El número de ciudades y villas con el privilegio de poder enviar representantes a Cortes varió por reinos y períodos. En general, fueron en aumento a lo largo de la edad moderna. Así, Cataluña evolucionó de 2 a 18, Aragón de 8 a 21 y Navarra llegó a 38.

Cataluña, 18; en Aragón, 20; en Valencia, 30; y en Cerdeña, 7. Sus representantes, si bien no eran nobles, pertenecían siempre al elemento acomodado y distinguido de las ciudades que habían obtenido el privilegio real de ser convocadas a Cortes. Fue, posiblemente, el estamento más combativo de los tres, ya que llevaba siempre instrucciones precisas de sus municipios, ante los cuales debía responder después. En Castilla, durante dos siglos, fueron en la práctica el único estamento de las Cortes. Y en los Países Bajos fue indudablemente el estamento dominante.

Carlos V, en las Cortes de Castilla de 1518, tuvo problemas con este estamento por la negativa de las ciudades a dar plenos poderes a sus procuradores para el pago del servicio. Los nobles se pusieron del lado del rey, cuyo objetivo era recaudar fondos para su coronación imperial. El litigio ter-

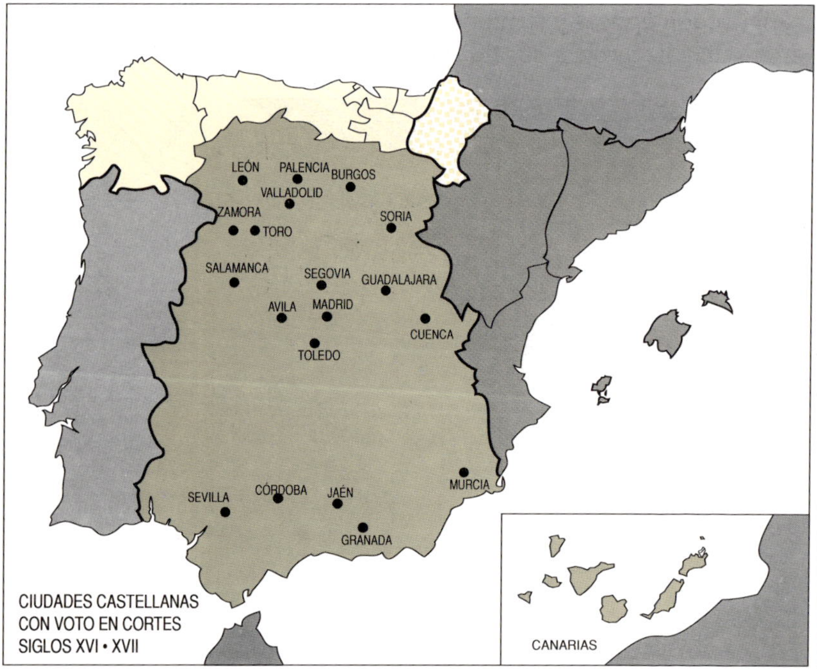

CIUDADES CASTELLANAS CON VOTO EN CORTES SIGLOS XVI • XVII

minó con la revuelta de las Comunidades y la derrota de las ciudades en Villalar (1521).

En ese caso, como en otros muchos, el rey se apoyó en un estamento para contrarrestar a los otros. El problema de los «estados» era que, a diferencia del monarca, no tenían un proyecto político definido. Por eso perdían siempre en los enfrentamientos. El Parlamento de los Países Bajos fue la excepción.

La confrontación virrey-estamentos en la Asamblea de Cerdeña de 1665-68 nos proporciona otro ejemplo revelador. Las peticiones planteadas entonces por el Parlamento suponían logros importantes para los tres brazos, pero fueron los nobles quienes llevaron la iniciativa. La Corona se resistió y en el curso de la disputa fueron asesinados el virrey y los líderes de la oposición nobiliaria. Finalmente, la oposición al monarca terminó hundiéndose y los cabecillas que sobrevivieron fueron decapitados, exponiéndose sus cabezas en las torres de Cagliari, la capital sarda.

Los problemas

Aunque la monarquía se apoyó con frecuencia en unos estamentos para combatir a otros, y se aprovechó de las tensiones existentes entre sus miembros para que los Parlamentos apoyaran los intereses de los reyes, hubo ocasiones en que el rey o sus representantes se encontraron con la oposición frontal de todos los brazos. Un ejemplo significativo es el de Cerdeña, donde el Parlamento estaba dominado por la nobleza, favorable al rey. Sin embargo, esa misma nobleza encabezó, a mediados del siglo XVII, un serio enfrentamiento de la Asamblea con el virrey, que se oponía a que los brazos aumentaran sus prerrogativas. La ciudad de Cagliari (en la imagen) fue el escenario de los sangrientos choques que se produjeron.

Un mal negocio

La celebración de Cortes era un mal negocio para la gente de a pie —el pueblo llano—, que muy poco ganaba en las mismas y, sin embargo, siempre tenía que aportar los hombres o el dinero que las clases privilegiadas, representadas en la Asamblea, votaban para defender con efectividad sus intereses ante el rey.

El papel del pueblo llano

¿Cuál era el papel de las capas populares, del pueblo llano, en toda la dinámica parlamentaria y las disputas de los estamentos? Porque ya se ha visto que el pueblo no tenía representantes en los Parlamentos, ni tampoco privilegios que conquistar o defender.

Su papel era el más sencillo y, a la vez, el más duro: aportar los hombres y el dinero que las clases privilegiadas decidían conceder al monarca periódicamente, para mantener su posición privilegiada. Los estamentos votaban unos impuestos, que por su condición estaban exentos de pagar. Por el contrario, el pueblo llano pagaba los impuestos, en cuya concesión no se les permitían participar. Visto desde la perspectiva de hoy, no dejaba de ser una situación absurda.

De ahí que en la crisis aragonesa de 1591-92, provocada por el apresamiento de Antonio Pérez, el alzamiento viniera exclusivamente de la alta y

baja nobleza. El campesinado nada tenía que ganar. Y en Cerdeña, cuando el virrey Camarasa es asesinado en 1668 por un grupo de conjurados, que decían representar al estamento militar, el pueblo no tomó partido en el acontecimiento, pues, como cuentan las crónicas, «se trataba de una causa privada».

El pueblo llano, tanto del campo como de la ciudad, sí se rebeló, en cambio, por el hambre y el aumento de precios, en varias ocasiones. Era su opción más desesperada. La más tenue era recurrir a escaramuzas y abucheos, como los que tuvieron que soportar los representantes valencianos con ocasión de las Cortes de 1626. Al tiempo que concluían estas reuniones, aparecieron en Valencia unas décimas anónimas que decían:

«Aquí yace un Reino entero
que en lealtad no tuvo igual
enfermó de muy leal
y murió del mal primero.»

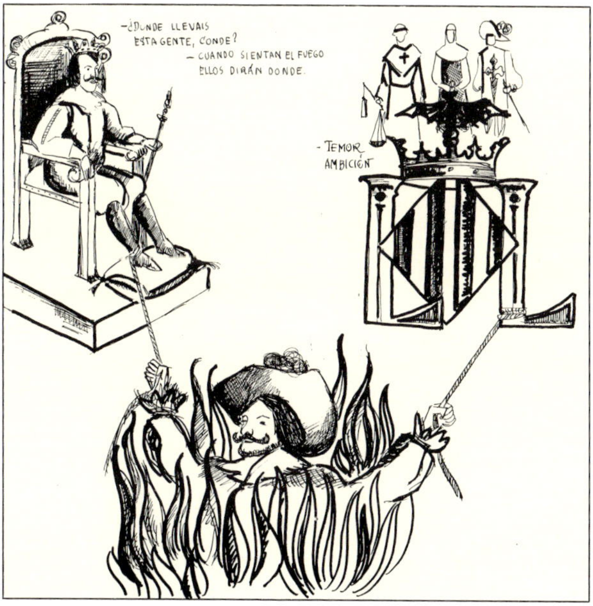

La alternativa

La única alternativa del pueblo llano ante el atropello que suponía para el mismo los servicios que la clase dirigente de los reinos votaban en Cortes, era la protesta. Unas veces, ésta se manifestaba en forma de revuelta, pero lo más frecuente era que acudieran a acciones de boicot, pasquines rudimentarios o abucheos. Era comprensible que así fuera, cuando sucedían cosas como las ocurridas en la ciudad de Mesina, cuyos representantes, en 1591, ofrecieron al rey 600.000 escudos, sólo para intentar quitarle a Palermo la capitalidad de Sicilia.

El discurso de la Corona

La «proposición» o discurso de la Corona, era el acto formal con que se abrían las sesiones de Cortes. En él, el rey explicaba las razones de la convocatoria y solicitaba un donativo o «servicio» a los estamentos allí reunidos en forma de «brazos».

¿Para qué se hacían Cortes?

A pesar del significado, radicalmente distinto, que tenían para las clases privilegiadas y el pueblo llano, los Parlamentos fueron una necesidad insoslayable para el funcionamiento de la máquina de gobierno de la monarquía hispánica.

Esas Asambleas se convocaron y reunieron según formas y procedimientos, que con el tiempo quedaron perfectamente establecidos, sobre todo, en la Corona de Aragón. Sus funciones fueron esencialmente cuatro:

1) Recibir el *juramento* de los monarcas de respetar y guardar las leyes de los reinos, y prestar a los reyes juramento de fidelidad.

2) Presentar al rey los *agravios* del reino, para su reparación. Así, al comienzo de las reuniones de Cortes los estamentos presentaban las violaciones («agravios») que los oficiales del rey habían cometido contra sus fueros y privilegios. Esas violaciones tenían que ser examinadas y, en su caso, resueltas, antes de pasar a tratar otros asuntos. En la Corona de Aragón se presentaban mediante los llamados «capítulos de contrafuero».

3) Aprobar nuevas leyes, llamadas *fueros*, o modificar las existentes. Esta función de los Parlamentos era de especial importancia, ya que, de la aprobación de las leyes dependía el que la Asamblea cumpliera lo que, para el monarca, era el objeto principal de las reuniones:

4) Votar los *servicios*, subsidios o donativos, tanto ordinarios como extraordinarios, que el rey solicitaba. Tras esta concesión, los Parlamentos establecían los impuestos y cargas necesarios para cumplir con la obligación asumida.

Esos servicios fueron, al principio, en hombres y armas fundamentalmente, y algo en dinero. Con el tiempo, sin embargo, la proporción se invirtió y los donativos pasaron a ser fundamentalmente en dinero. Las cantidades variaban de unos reinos a otros. Así, hacia 1610, año en que la presión fiscal de la monarquía empezaba a ser ya muy fuerte, Aragón, Cataluña, Valencia y Sicilia pagaban 600.000 ducados cada uno; Navarra, 100.000; Nápoles, 1.600.000; Cerdeña, 150.000 y los Países Bajos, 500.000. El mayor peso era soportado por Castilla, que aportaba 5.100.000 ducados.

Los Parlamentos tuvieron también otras tareas, relacionadas con la política de la monarquía, la justicia, la organización y la administración de los reinos. Pero las cuatro funciones descritas fueron sin duda las más importantes y las que justificaron su existencia.

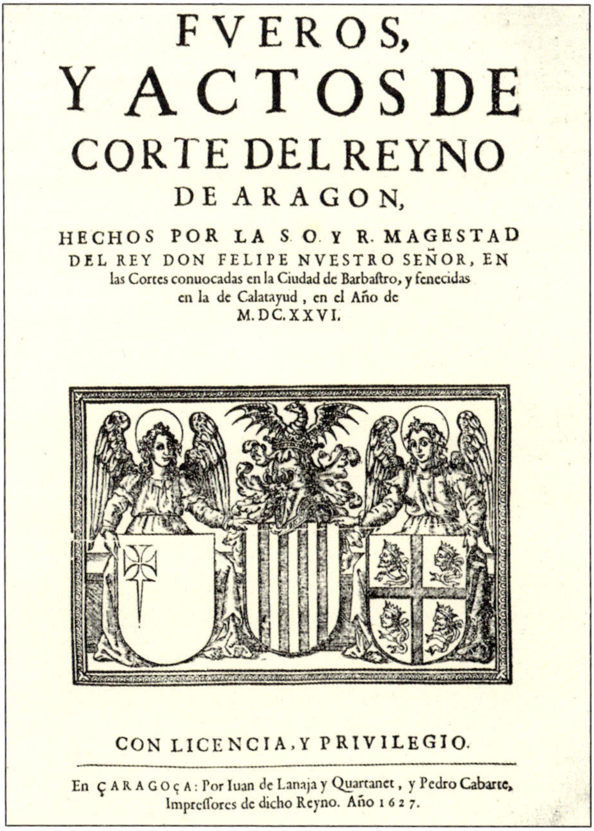

FVEROS,
Y ACTOS DE
CORTE DEL REYNO
DE ARAGON,
HECHOS POR LA S. O. Y R. MAGESTAD
DEL REY DON FELIPE NVESTRO SEÑOR, EN
las Cortes conuocadas en la Ciudad de Barbaſtro, y fenecidas
en la de Calatayud, en el Año de
M.DC.XXVI.

CON LICENCIA, Y PRIVILEGIO.

En ÇARAGOÇA: Por Iuan de Lanaja y Quartanet, y Pedro Cabarte,
Impreſſores de dicho Reyno. Año 1627.

El «solio» del servicio

El acto formal en que los brazos concedían al monarca el donativo solicitado era el «solio» del servicio. En las Cortes castellanas, éste debía producirse antes de que los brazos presentaran su propuesta de desagravios, para reparar los actos cometidos por los oficiales reales contra los fueros y demás leyes y privilegios del reino. En la Corona de Aragón se hacía al revés. La presión fiscal de la exhausta hacienda española era sentida con especial fuerza en Toledo, Valladolid, Bruselas, Milán, Nápoles, y Palermo; y, en menor medida, en Barcelona, Zaragoza, Valencia y Cagliari, todas ellas ciudades donde se reunían Asambleas parlamentarias.

Pérdida de importancia

Desde mediados del siglo XVII, la importancia de las Cortes hispánicas sufre un descenso progresivo. En 1660, los procuradores de las Cortes de Castilla eran tan poco importantes que se elegían por sorteo. Unos años después desaparecen y a partir de entonces la renovación de impuestos la negocian directamente la Corona y cada una de las ciudades con voto en Cortes. Cataluña, cuya «Generalitat» vemos en esta imagen, recibió una convocatoria de Cortes particulares, al igual que Aragón, en 1709, con ocasión del reconocimiento del príncipe de Asturias. Esto era contrario a toda legalidad. Era evidente que las Cortes históricas habían llegado a su fin.

Las últimas convocatorias

El declive del imperio español y el final del reinado de la Casa de Austria coinciden con el fin de los Parlamentos hispánicos.

A partir de 1665 las Cortes de Castilla, ya escasamente representativas y operativas, dejan de convocarse según la forma tradicional. Ni siquiera se reunieron para recibir el juramento del nuevo rey —último de los Austrias—, Carlos II.

Aragón tuvo sus últimas reuniones del siglo XVII en 1626, Valencia en 1645 y Cataluña en 1632. Los Parlamento de Nápoles y Cerdeña fueron convocados por última vez en 1642 y 1698. Pero el fin del «parlamentarismo antiguo» no sólo afectaba a España, sino al resto de Europa, invadida por una ola creciente de absolutismo monárquico.

Tras la Guerra de Sucesión española y el consiguiente triunfo de los Borbones, a principios del siglo XVIII, el nuevo rey, Felipe V, extendió el régimen político castellano a todos los reinos penin-

sulares, excepto Navarra. A partir de entonces, las Cortes nacionales se reunieron siempre en Madrid. Felipe V las convocó cuatro veces (en 1709, 1712, 1713 y 1724), Carlos III una (1760) y Carlos IV una vez también (1789). Presidía las reuniones el presidente del Consejo de Castilla y asistían dos procuradores por cada una de las 36 ciudades con derecho a representación, de las Coronas de Castilla y Aragón, elegidos por los ayuntamientos. Sus competencias se reducían a: la aceptación del juramento del monarca al principio de su reinado; la concesión de servicios, que también se obtenían fuera de Cortes; y la formulación de peticiones, que rara vez tenían éxito. La larga *era de los estamentos* en España, había tocado a su fin.

En 1789, el estallido de la Revolución Francesa alumbró en todo el mundo occidental una nueva época, que tuvo su inicio en España en 1808, con la invasión de las tropas napoleónicas. Se abrió entonces un nuevo ciclo parlamentario.

Final de las Cortes

El rey Felipe V, primero de los Borbones españoles, que aquí aparece con su familia, terminó con los Parlamentos particulares de los distintos reinos españoles y reunió Cortes nacionales en Madrid. Pero el poder de esas Cortes era ya sólo teórico, pues se limitaron a ratificar decisiones tomadas por el rey. Aun así, fue un Parlamento que los Borbones reunieron en pocas ocasiones.

6

Revolución burguesa y Parlamento constitucional

Las Cortes estamentales desaparecieron a causa de la progresiva acentuación del absolutismo. Pero la nueva situación, de gobierno despótico, no fue capaz de dirigir adecuadamente el orden social. La Revolución Francesa, uno de cuyos primeros actos fue la toma de la Bastilla en París, inició una nueva era.

La Revolución Francesa influyó de manera decisiva en la política y la ideología del siglo XIX. Esa revolución, sin embargo, empezó como un intento de la nobleza de recuperar el control del Estado, que había ido perdiendo a medida que había crecido el absolutismo de los reyes. Para ello, forzó la convocatoria de los Estados Generales, o Parlamento, de Francia en 1789. Pero, para sorpresa de la aristocracia, los miembros del estamento de las ciudades —el «tercer estado»— acudieron a esa Asamblea parlamentaria formando un grupo social coherente, la *burguesía*, que consiguió dos cosas muy importantes: que los tres estamentos, en lugar de reunirse por separado, lo hicieran conjuntamente en «Asamblea Nacional»; y que ésta, con total desprecio del poder real, apoyara el asalto de la Bastilla e hiciera la revolución. Eso significaba el final del Antiguo Régimen en Francia, cuyo ejemplo fue imitado pronto en el resto de Europa.

Mientras tanto, la revolución que condujo a la independencia de las colonias inglesas en Norteamérica (1773-1776), había iniciado ya el proceso en el nuevo continente.

Las aspiraciones del burgués revolucionario de 1789 estaban contenidas en la *Declaración de derechos del hombre y del ciudadano*. Ahora bien, aunque se trataba de un manifiesto contra la sociedad estamental y los privilegios de los nobles, no se pronunciaba en favor de una sociedad democrática o igualitaria. Aún así, aquellos revolucionarios franceses, que habían recibido sus ideas del liberalismo clásico formulado por los filósofos y economistas, lograron consolidar sus ideas innovadoras en una *Constitución* política aprobada por la Asamblea Nacional. Esa Constitución sentaba las bases del Estado liberal, que a partir de entonces iba a sustituir al de la monarquía absoluta.

La Constitución, como norma suprema del nuevo Estado, garantizaba los derechos ciudadanos y respondía al principio de que «la soberanía reside

El Parlamento Constitucional

Los Estados Generales de Francia (1789), fueron el primer Parlamento europeo surgido tras el fin del absolutismo. Ese Parlamento elaboró la Constitución francesa de 1791, que establecía una Asamblea unicameral, cuyos miembros eran elegidos por casi todos los ciudadanos. La mujer, el trabajador doméstico y los pobres, sin embargo, no podían votar.

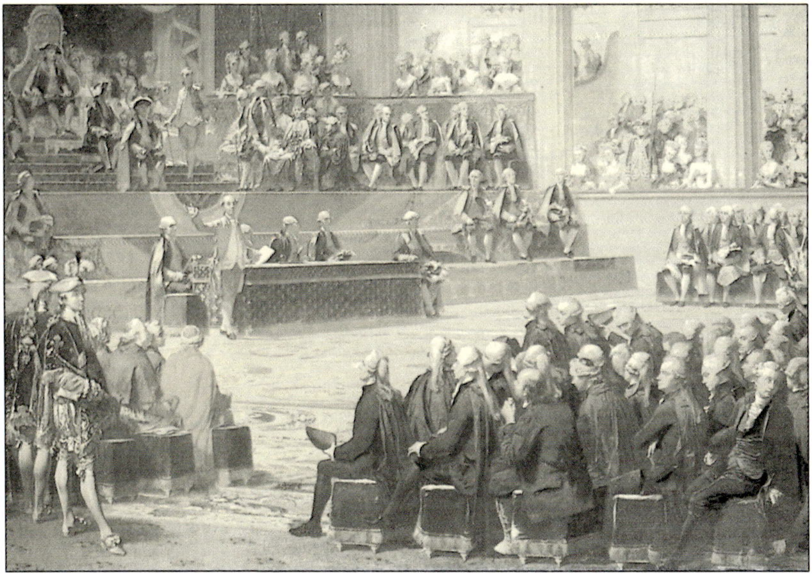

El ejemplo francés

España estaba gobernada todavía por un monarca absoluto, cuando Francia elaboró su primera Constitución. Algunos juristas españoles quisieron seguir el ejemplo francés, pero evitando la situación revolucionaria del país vecino. El problema era que la «Constitución histórica» que proponían, suponía unas Cortes que eran contrarias a la idea democrática constitucional francesa.

esencialmente en la Nación». Establecía la separación de poderes entre: el Parlamento, que debe representar a la Nación y no a los estamentos, y que hace las leyes; el Poder Ejecutivo, que puede presidirlo la monarquía, pero que opera bajo el control parlamentario; y la Administración de Justicia, que ha de subordinarse a las leyes aprobadas.

Así, hablar de Parlamentos contemporáneos implica también hablar de Constituciones. De ahí que a la Asamblea parlamentaria del Estado liberal se la califique de *Parlamento constitucional*.

El ejemplo francés se hizo notar pronto en España, a pesar de la censura existente. Por ello, algunos teóricos españoles, como Martínez Marina y Jovellanos, trataron de desarrollar el concepto de una Constitución histórica, especialmente manifiesta en la institución de las Cortes, que permitiera la instauración pacífica y evolutiva, sin revolución, de la «idea constitucional». La invasión napoleónica y el destierro de Fernando VII dieron al traste con esos proyectos.

Las Cortes de Cádiz

En la guerra de independencia nacional contra los franceses, iniciada el 2 de mayo de 1808, se implicó pronto un movimiento revolucionario frente al absolutismo político y las bases del Antiguo Régimen. Napoleón, por su parte, forzó la salida del rey de España (Fernando VII) e impuso a su hermano José Bonaparte, bautizado «Pepe Botella» por los españoles, como nuevo monarca. Pero nadie reconocía la autoridad de éste, con lo que se creó un vacío de poder en todo el país, que unas Juntas de carácter popular, creadas espontáneamente, trataron de llenar. La Junta Central Suprema, derivada de aquéllas, convocó Cortes generales y extraordinarias en Cádiz. A tal fin, fueron celebradas elecciones a *diputados* en el verano

Cortes de Cádiz

En Cádiz (en la imagen) se reunieron las primeras Cortes constitucionales españolas. Eran Cortes unicamerales, formadas para elaborar una Constitución. Sus miembros (los «diputados») representaban a la Nación española, declarando que en esas Cortes residía la «soberanía nacional».

Cortes de Cádiz

Las Cortes reconocieron a Fernando VII como rey de España, pero no como rey absoluto, sino constitucional. Así, era rey «por la gracia de Dios y la Constitución». La Constitución de 1812 excluía del voto a las mujeres, los sirvientes y todos aquellos que no tuvieran recursos propios. Sobre estas líneas, una figura habitual en la época, el *Aguador*.

de 1810, en las provincias no ocupadas por los franceses.

Era la primera vez en nuestra historia que los pueblos de España enviaban a Cortes representantes elegidos, incluso «de las provincias de América». Formaron esa Asamblea 97 eclesiásticos, 60 abogados, 55 funcionarios públicos, 37 militares, 16 catedráticos, 9 marinos, 15 propietarios, 8 títulos nobiliarios, 5 comerciantes, 4 escritores y 2 médicos.

Los planes iniciales eran establecer una Asamblea bicameral, pero, al imponerse los partidarios de una evolución liberal del sistema, las Cortes de Cádiz se reunieron en una sola *Cámara*, con lo que se formó una auténtica *Asamblea constituyente*. Así, entre 1810 y 1812, hubo «Cortes generales y extraordinarias que representan la Nación española, por lo que reside en ellas la soberanía nacional». Su principal obra fue la *Constitución de 1812*, primera Constitución española, promulgada el 19 de marzo de 1812.

En ella: se estableció el principio de que la soberanía radicaba en la Nación española, que debía operar a través del Parlamento; se implantó una Cámara única, enteramente electiva mediante sufragio general indirecto; se excluyó del voto a la población no española de las colonias y a los que no tuvieran autonomía social o cultural, es decir, la mujer, el sirviente doméstico y el analfabeto; y se consagró que «la potestad de hacer las leyes reside en las Cortes con el Rey».

Por otra parte, esas Cortes desarrollaron una actividad excepcional de organización política y social, y abolieron la Inquisición, los señoríos y los gremios.

De cualquier forma, no hubo una representación popular auténtica en las Cortes de Cádiz. No lo permitían, ni la situación bélica, ni la casi nula conciencia democrática de las clases populares. Sin embargo, aunque ese Parlamento sentó las bases de una sociedad liberal y clasista, el liberalismo radical de la Constitución que concibió, destruía privilegios y contenía mecanismos institucionales (como el unicameralismo y el amplio sistema de sufragio) potencialmente democratizadores. Así, con la Constitución de 1812 se inició el parlamentarismo constitucional en España, del que es heredero nuestro Parlamento actual.

Fernando VII, al regresar del destierro en 1814, tras la derrota del Imperio napoleónico, declaró nula toda la obra de las Cortes de Cádiz, «como si no hubieran pasado jamás tales actos y se quitasen de en medio del tiempo». Era lógico que Fernando VII se resistiera a su transformación de monarca absoluto en monarca constitucional, por voluntad de las Cortes.

Constitución de 1812

La primera Constitución española, la Constitución de 1812, fue solemnemente promulgada en las Cortes de Cádiz. Se inspiraba en la Constitución francesa de 1891, y definía la nación española como «la reunión de todos los españoles de ambos hemisferios».

El Trienio Constitucional

El primer modelo parlamentario

A partir de ese momento, el parlamentarismo constitucional español sufrió una serie de avances y retrocesos, al hilo de sucesivas revoluciones y contrarrevoluciones, hasta su práctica consolidación en 1876.

El paréntesis absolutista, impuesto por Fernando VII, duró poco. En 1820, el general Riego inició un levantamiento en Cabezas de San Juan, que obligó al rey a restablecer la Constitución. Esa revolución española, que era de la alta aristocracia liberal y la alta clase media, duró tres años, en los que las Cortes poco pudieron hacer. El «Trienio constitucional», como se ha calificado a ese período (1820-1823), terminó con la invasión de los Cien Mil Hijos de San Luis, un ejército francés apoyado por la reacción europea, que vino en ayuda

El general Riego protagonizó un levantamiento militar (1820), aquí reflejado, con el fin de forzar al rey Fernando VII a restablecer la Constitución de 1812, que había abolido a su regreso del destierro, al término de la invasión napoleónica de España. El 7 de marzo de 1820, Fernando VII capituló, declarando al restablecer la Constitución: «Marchemos francamente, y yo el primero, por la senda constitucional.» Esa restauración democrática duró hasta el 1 de octubre de 1823 («trienio constitucional»), fecha en que el rey, que había conspirado contra el propio sistema, declaró «nulos y de ningún valor los actos del Gobierno llamado constitucional».

del monarca absoluto español. Riego fue ejecutado y la Constitución gaditana fue nuevamente abolida.

Tras la interrupción del proyecto constitucional y de las Cortes, y en unas condiciones de auténtica quiebra económica, la monarquía se vio obligada a restablecer la institución parlamentaria. Al no querer hacerlo con la Constitución de 1812, dictó una norma fundamental que lo permitiera, aunque no se tratara de una verdadera Constitución: el *Estatuto Real de 1834*, que sirvió para una situación transitoria.

El Estatuto fue un intento de salir del absolutismo, más que un propósito de entrar en un régimen liberal. Su preocupación fundamental era la restauración y ordenación del Parlamento. Sus Cortes tenían dos Cámaras: el Estamento de Próceres y el Estamento de Procuradores.

Estatuto Real

Con objeto de salir del régimen absolutista en que había caído nuevamente España tras el «trienio constitucional», la monarquía aprobó, el 10 de abril de 1834, una norma fundamental, el Estatuto Real. Ésta, no era una Constitución, pero permitió el funcionamiento de las Cortes de nuevo, aunque fuera con deficiencias. Sociológicamente, el Estatuto significó un pacto entre una parte de la nobleza y de la jerarquía eclesiástica del Antiguo Régimen, y la burguesía más conservadora. El sistema representativo que esa norma amparó estaba ideado sólo en beneficio de una clase restringida. Solamente tenían derechos políticos los poseedores de bienes económicos.

Constitución de 1837

La debilidad de la burguesía progresista y la ausencia de apoyo mutuo entre ésta y las clases populares, dio lugar a una Constitución teóricamente progresista, pero de profundo carácter moderado. Del Senado, se dijo que «ha sido y es el más torpemente organizado de Europa». Los motines y levantamientos fueron el rasgo más destacado de la vida política desarrollada bajo la Constitución de 1845.

Se trataba de unas Cortes con funciones sólo consultivas, en principio, y en las que el sistema representativo estaba ideado en beneficio de una clase restringida. La consecuencia de ello fue que el Estatuto satisfizo a pocos y ni siquiera sirvió para presidir un proceso constitucional. Un año después de su promulgación se inició un amplio movimiento pidiendo su reforma o su derogación. Y en agosto de 1836 estallaba el Motín de la Granja, que culminó con un nuevo restablecimiento de la Constitución de 1812, para permitir que unas Cortes elaborasen un nueva Constitución.

Las Cortes constituyentes de 1836-37 aprobaron la *Constitución de 1837*, que estableció dos Cámaras. Esto era considerado una característica conservadora, ya que una representaba la opinión general del país y otra los intereses de las clases dirigentes y conservadoras. De hecho, las circunstancias habían impuesto el «moderantismo», pese a que esa Constitución estaba elaborada por progresistas. A fin de cuentas, como se ha escrito, «el gran "desideratum" de cuantos se preciaban de marchar con la civilización del siglo» era el bicameralismo.

Bajo la Constitución de 1837 las Cortes fueron más fecundas en plantear problemas políticos que en atender las necesidades del país. Los motines, pronunciamientos y levantamientos perturbaron con frecuencia la paz pública y, entre otras cosas, secuestraron las funciones de las Cortes.

En 1845, durante el Gobierno de los moderados, unas Cortes ordinarias, es decir, no convocadas específicamente para elaborar una Constitución, reformaron la de 1837. De ese Parlamento surgió la *Constitución de 1845*, promulgada por la reina Isabel II. La nueva norma básica estableció una reforma importante del Senado, cuyos miembros, en número ilimitado, debía designarlos el monarca. Las novedades en el Congreso, o Cámara Baja, estaban en la legislación electoral aprobada, que restringía el sufragio a los que pagaran contribuciones más altas (el 1 por ciento de la población).

Así pues, en el primer modelo parlamentario, que lo configuran esencialmente las Constituciones de 1837 y 1845, la representación efectiva de la Nación quedaba reservada a «las clases propietarias, comerciales e industriales».

Durante el gobierno del «bienio progresista» (1854-56) unas Cortes constituyentes elaboraron una nueva Constitución, la de 1856, que establecía una Asamblea unicameral. La disolución anticipada de las Cortes impidió la promulgación de esa Constitución progresista.

El régimen moderado fue restaurado en julio de 1856 por O'Donnell y dos meses después se restableció la Constitución de 1845, que duró algo más de una década. De todos modos, para entonces, se había instalado ya definitivamente en España el Estado constitucional.

Constitución de 1845

La Constitución de 1845, aprobada por unas Cortes ordinarias, se diferencia de la de 1837 en su falta de espíritu parlamentario, lo que favoreció los intereses de la clase conservadora. Ello animó a la insurrección a sectores constitucionales entre 1854 y 1856, período en que se desarrolla el «bienio progresista».

La revolución de 1868

En septiembre de 1868, se produjo una insurrección generalizada en toda España que provocó el destronamiento de la reina Isabel II. En ese mismo mes se constituyó el primer gobierno provisional de la revolución, aquí fotografiado, que convocó elecciones a Cortes constituyentes para una Asamblea unicameral elegida por sufragio universal masculino.

El Parlamento «septembrino»

De septiembre a octubre de 1868 vuelven a surgir por todo el país Juntas, que reclaman «Cortes constituyentes por sufragio universal masculino directo, para que decreten una Constitución en armonía con las necesidades de la época». La revolución que entonces se produce, llamada «septembrina» o «Gloriosa», culminó con el destronamiento de Isabel II y la convocatoria de Cortes constituyentes en enero de 1869 por el Gobierno provisional. La libertad de cultos y la monarquía fueron las cuestiones de discusión más acarolada en las sesiones de esas Cortes. Emilio Castelar, ante la intolerancia religiosa del obispo Manterola hizo en ellas un famoso discurso en el que, al final, decía:

«Grande es el Dios del Sinaí... pero es más grande la religión del perdón misericordioso y yo, en nombre de esta religión... vengo aquí a pediros que escribáis al frente de vuestro código fundamental la libertad religiosa, es decir, la libertad, fraternidad, igualdad entre todos los hombres.»

Unos propugnaron la República federal y otros la República unitaria. Al final se aprobó una Constitución monárquica, aunque no hubiera rey: la *Constitución de 1869*. Se crearon unas Cortes con dos Cámaras: Senado y Congreso, con ligera prevalencia del segundo. Sin embargo, tanto senadores como diputados representaban a toda la nación, y no a sus electores o distrito, lo que suponía una reforma sustancial. Otra cuestión importante fue el establecimiento del principio de responsabilidad política del Gobierno ante las Cortes.

Esa Constitución y sus Cortes duraron lo que el «Sexenio democrático» (1868-74). En ellas se hizo una ley para la elección de un rey —Amadeo I de Saboya—, se declaró la I República española (1873), fue abolida la esclavitud en las colonias, y se convocaron unas Cortes constituyentes que elaboraron un proyecto de Constitución federal. El golpe de estado del general Pavía terminó con la utopía «septembrina», cuando, en 1874, entró con su caballo en las Cortes, siendo Jefe del Estado Castelar, el último presidente de la I República.

I República española

El 1 de mayo de 1873 se abrieron las Cortes constituyentes de la I República (en la imagen) proclamada tres meses antes. Ello, fue posible gracias a la acción de las Cortes del llamado «sexenio democrático» (1868-1874) y a la Constitución de 1869. La experiencia republicana duró apenas un año, truncada por la nueva entrada del ejército en la vida política española.

Las Cortes de la Restauración

A finales de 1874, en Sagunto, el general Martínez Campos proclamaba rey a Alfonso XII, con lo que se producía la Restauración de la dinastía histórica. Hubo elecciones a Cortes bicamerales, en base a la última Constitución vigente, la de 1869, y en ellas, aun cuando no fueron Cortes constituyentes, se aprobó la *Constitución de 1876*. Esta eliminaba el principio de la soberanía nacional; a partir de entonces la soberanía, y la potestad de hacer leyes, la ejercían la Corona y las Cortes. Además, el rey tenía derecho a disolver el Parlamento y nombrar jefe de Gobierno, lo que le convertía en el árbitro del sistema.

El Parlamento surgido de la nueva Constitución contó con dos Cámaras. De una parte, el Senado, que estaba compuesto por tres tipos de senadores: de derecho propio, vitalicios (nombrados por la Corona), y elegidos por las corporaciones del Estado y los principales contribuyentes. De otra, el Congreso, formado por diputados elegidos por cinco

Pronunciamiento de Sagunto

Tras el golpe de Estado del general Pavía, el general Martínez Campos proclamó rey de España a Alfonso XII en Sagunto (1874), momento que recoge esta imagen. Esta vez, la Restauración de la dinastía histórica mantuvo parte del derecho legislado durante el «sexenio democrático», período en que se desarrollaron instituciones fundamentales del sistema constitucional.

años, en la proporción de un diputado por cada 50.000 habitantes. El problema era que las listas de los diputados electos se elaboraban, con el falseamiento sistemático de toda consulta electoral, desde el Ministerio de la Gobernación. Este transmitía la coacción oficial «hasta el último guardia municipal, pasando por gobernadores, delegados, alcaldes y secretarios». Pero la manipulación no era nueva; se había practicado ya con anterioridad durante el Gobierno de los moderados.

Cánovas del Castillo fue el artífice del sistema político de la Restauración. Para él, el sistema inglés de partidos era el único mecanismo eficaz para una monarquía parlamentaria estable. Suya fue la creación del «turno pacífico», que durante muchos años permitió a conservadores (los del propio Cánovas) y liberales alternarse en el poder. Tocaba al monarca decidir cuando debía producirse el cambio. No era un sistema perfecto, pero permitió estabilizar el sistema y evitar, durante años, que los militares fueran el poder moderador entre los partidos.

Constitución de 1876

Las primeras Cortes de la Restauración aprobaron la Constitución de 1876, cuya jura vemos aquí por parte de la reina regente María Cristina, al ser Alfonso XII menor de edad. El texto se apoya en la Constitución de 1869, pero introduce supresiones y cambios sustanciales. La figura política clave del sistema político que esta nueva Constitución instauró, fue Cánovas del Castillo.

Un Parlamento enrarecido

Entre 1989 y 1931, las Cortes perdieron el dinamismo de gran parte del siglo XIX. Además, el ejército tenía cada vez más influencia en la política y se produjeron enfrentamientos callejeros entre ejército y población civil, que culminaron en la Semana Trágica de Barcelona (1909). En 1919, como muestra este grabado, se abrieron todavía las Cortes, pero el general Primo de Rivera terminó con ellas cuatro años después.

El ocaso del sistema

El consenso entre aristocracia y burguesía (que a partir de 1874 había dado por terminada su obra revolucionaria), y la debilidad de la oposición, aseguraron hasta la década de 1890 la estabilidad de la Restauración. Pero, con el fin de siglo, las fuerzas democráticas empezaron a exigir reformas que les permitieran su participación en el sistema. A su vez, la guerra de 1898, que culminó con la pérdida de Cuba y Filipinas, aumentó la confusión en la sociedad. Y los partidos conservador y liberal, piezas fundamentales del sistema, se resquebrajaron. Era necesario, pues, renovar y ampliar las bases del régimen parlamentario, para mantener su estabilidad. La dirección de esa tarea correspondía lógicamente al monarca, como árbitro constitucional. Pero Alfonso XIII fracasó en su empeño.

Al aprobar las Cortes la Ley de Jurisdicciones en 1906, se dio entrada de nuevo al ejército en la vida política, ya que esa ley permitía a los militares censurar los ataques de la prensa contra su honor colectivo. A partir de ahí se inició un progresivo

enrarecimiento de la política y la dinámica de las Cortes, que desembocó en el alzamiento del general Primo de Rivera en 1923 contra el régimen parlamentario. Alfonso XIII legitimó la situación, al invitar al General, convertido en dictador, a formar gobierno.

Este «paréntesis constitucional» duró hasta 1930. Primo de Rivera convocó en 1927 una Asamblea Nacional, con el fin de dotar de apariencia parlamentaria a su régimen y darle carácter civil. Ni lo consiguió él, ni su sucesor, el general Dámaso Berenguer. En 1931 el ejército se acabó retirando y la monarquía, que había destruido los cimientos constitucionales de su poder político, al apoyar una dictadura en 1923, se encontró sin medios para resistir la presión de los republicanos, que para entonces eran ya una considerable fuerza política. El 14 de abril de 1931, tras la proclamación de la II República, Alfonso XIII iniciaba su destierro voluntario y daba paso a un nuevo régimen político.

II República española

A medida que se fueron complicando las circunstancias políticas, era más necesaria la intervención enérgica y decidida del rey, con objeto de estabilizar un sistema del que él era el árbitro constitucional. Alfonso XIII, sin embargo, no fue capaz de desempeñar su papel. Dio entrada abiertamente a los militares en la vida política y toleró una dictadura. Con ello se equivocó, ya que se quedó solo a la hora de contener a los republicanos, cuya fuerza era cada vez mayor. Ni siquiera le apoyaron los antiguos monárquicos más significativos. En las elecciones municipales del 12 de abril de 1931, el voto mayoritario fue para los candidatos republicanos. Y el 14 de abril se proclamó la II República.

7

Las Cortes republicanas tuvieron entre sus miembros un distinguido grupo de intelectuales independientes: Ortega y Gasset, Jiménez de Asúa y Juan Negrín, entre otros. Aquí vemos a algunos de ellos, en una asamblea de intelectuales, presididos por Miguel de Unamuno.

El parlamentarismo democrático

Con la proclamación de la República se convocaron elecciones a Cortes constituyentes, mediante circunscripciones provinciales, salvo las grandes ciudades, que constituían de por sí distritos electorales. Sus miembros debían ser elegidos en base a un diputado por cada 50.000 habitantes, y por sufragio universal, para una sola Cámara. La Constitución republicana mantuvo después la Cámara única, al considerarse que se trataba de un instrumento esencial para llevar a cabo la reforma radical que España precisaba.

Tal y como nos relata Salvador de Madariaga, diputado en aquella Asamblea, hubo en las Cortes de 1931 «dos mujeres, algunos curas, más hombres jóvenes que en las viejas Cortes, menos miembros con experiencia política y menos aún con alguna experiencia de gobierno». La composición de la Cámara, mayoritariamente de izquierda, ponía

de relieve la gran variedad de puntos de vista y partidos políticos existentes en la España de la época.

Aquellas Cortes constituyentes lograron reunir a todos los líderes de los partidos políticos organizados, y una buena representación de la élite intelectual del país. Las presidió Julián Besteiro, catedrático de Lógica y veterano líder socialista, que prestó una dignidad especial en la nueva Asamblea.

El problema fundamental de las Cortes fue el de la forma de Estado. Se dudó entre el unitarismo y el federalismo. Finalmente se optó por una mezcla de ambos, como reveló la *Constitución de 1931*, aprobada el 9 de diciembre de 1931.

Esa Constitución creó una democracia parlamentaria, en la que el poder legislativo residía en el pueblo, que lo ejercía en las Cortes mediante los diputados, elegidos por sufragio universal directo. El poder ejecutivo se confiaba al presidente de la República, elegido para un período de 6 años por un colegio de diputados y delegados especiales. Éste, como jefe del Estado, podía disolver las Cor-

Cortes republicanas

Había en las Cortes constituyentes de la República 116 diputados socialistas, 60 radical-socialistas, 30 del Partido de Acción Republicana, 17 federalistas, 90 radicales, 22 progresistas, 60 de la Derecha (agraristas, vascos y otros), 43 nacionalistas catalanes y 16 nacionalistas gallegos. En la foto, vemos a Besteiro saliendo de las Cortes con el presidente de la República, Niceto Alcalá Zamora.

Elecciones de 1933

19 partidos, agrupados en tres alianzas electorales (derecha, centro e izquierda), concurrieron a las elecciones generales de 1933, en que las mujeres votaban por primera vez. Ganó la derecha, con lo que Manuel Azaña, jefe del primer Gobierno constitucional y reformista convencido, cesó en su cargo. Más tarde, se convirtió en el último presidente de la II República.

tes y cesar al jefe de Gobierno, lo que no se ajustaba a un régimen parlamentario moderno. A pesar de ello, el Parlamento podía destituir al presidente en supuestos excepcionales, y el Gobierno era políticamente responsable ante las Cortes.

Se estableció asimismo una Diputación Permanente, compuesta de 21 diputados como máximo, representantes de los distintos grupos parlamentarios y elegidos por el Congreso de entre sus propios miembros. Por otra parte, las leyes emanadas del Parlamento podían recurrirse ante un Tribunal de Garantías Constitucionales (antecedente del actual Tribunal Constitucional), como intérprete más inmediato de la norma constitucional.

Gracias a las posibilidades abiertas por la Constitución, las primeras Cortes republicanas aprobaron: el primer Estatuto (de autonomía) de Cataluña; y un proyecto de Estatuto del País Vasco; la ley del divorcio; la disolución de los jesuitas y confiscación de sus bienes; la reforma agraria; legislación en materia laboral y educativa; la separación de Iglesia y Estado; y la secularización de los cementerios.

Es evidente, pues, que, en principio, la tarea de modernizar España comenzó seriamente con las Cortes de 1931. En la práctica, esa intención se vio frustrada por los mecanismos parlamentarios desarrollados en la II República. La presencia de numerosos partidos y la existencia de partidos regionales impedía que alguno de ellos tuviera mayoría en la Cámara. Como consecuencia, todos los gobiernos fueron forzosamente de coalición, por lo que fue imposible llevar adelante una acción coherente, tanto en materia legislativa como de gobierno.

Las elecciones generales de 1933, en las que las mujeres votaron por primera vez, dieron el triunfo a la derecha, pero convirtieron al líder del centro, el radical Alejandro Lerroux, en árbitro de las Cortes. Los tres años que duró este Parlamento se caracterizaron por los intentos de Lerroux de absorber a las fuerzas de la derecha en la República y por el aumento del poder del presidente, a consecuencia de la debilidad de los partidos en las Cortes.

El Frente Popular, coalición electoral que agrupaba a todos los partidos de izquierda, ganó las elecciones de 1936. Obtuvo 258 escaños, frente a los 62 del centro y los 152 de la derecha. Poco, sin embargo, podían hacer aquellas Cortes, en un país sumido en una profunda crisis social y política.

Efectivamente, las Cortes de la II República habían traído a España el parlamentarismo democrático, pero habían dado lugar también a un parlamentarismo desaforado e ingobernable, y un sistema de partidos inestable, que alcanzó su cénit en 1936. Una vez más, en nuestra historia, los militares volvieron a la escena política. El 18 de julio de 1936 el general Francisco Franco protagonizaba desde las islas Canarias un alzamiento militar, preludio de una larga y cruenta guerra civil.

Elecciones de 1936

El 16 de febrero de 1936, se celebraron nuevamente elecciones generales con amplia victoria del Frente Popular. Ello no impidió el recrudecimiento de los enfrentamientos y la violencia, que desde hacía meses se habían extendido por la España republicana. Aquí, vemos una imagen de Madrid durante la huelga general de abril de 1936.

8

Paréntesis autoritario: las Cortes de la dictadura

Aunque la guerra civil terminó en 1939, el órgano parlamentario del nuevo Estado español, las Cortes españolas, no fue establecido hasta 1942. Franco, que se había proclamado «Generalísimo» de los Ejércitos y «Caudillo» (jefe del Estado) de España «por la Gracia de Dios», había sido hasta entonces el principal legislador del país.

El nuevo régimen político fue una dictadura enmarcada por una serie de «Leyes Fundamentales», que se fueron promulgando a lo largo del tiempo y que pretendieron legitimarla. No hubo partidos políticos ni sindicatos independientes. Así, el constitucionalismo y, por tanto, el parlamentarismo democrático, dejaron de existir durante la época del general Franco.

Las Cortes franquistas, unicamerales, fueron básicamente un órgano deliberante. El jefe del Estado, aunque se apoyaba en ellas, mantuvo su plena capacidad de legislar mediante decretos-leyes. Por otra parte, todos los proyectos de ley eran ela-

La petición de amnistía para los presos políticos de la dictadura del general Franco fue una constante, por parte de los núcleos demócratas, durante los años que duró el régimen. El pintor Genovés plasmó el sentir colectivo de esa petición en un famoso cartel que aquí se reproduce.

borados por el gobierno, discutidos en las comisiones de las Cortes y, tras su aprobación sistemática por la Cámara, sancionados por Franco para convertirlos en leyes. No había, pues, lugar para ningún tipo de oposición o desacuerdo institucional.

Además, contrariamente a lo que sucede en los regímenes parlamentarios democráticos, estas Cortes no tenían una función de control del Gobierno, sino al revés. Era precisamente el Gobierno, el que ejercía esa función, a través del presidente de la Cámara, nombrado directamente por Franco por un período ilimitado.

Tras efectuar algunos reajustes a la composición de estas Cortes, en la Ley Orgánica de 1966, el número de sus miembros, llamados *procuradores*, fue de 564. Estaban divididos en tres categorías:

— 123 miembros natos, en función de su cargo.

Las Cortes españolas

El general Franco creó unas Cortes, que aquí vemos en su primer pleno, para dar una apariencia de legalidad a su sistema político. La mayoría de sus miembros, sobre todo en los primeros años, asistía a las sesiones con uniforme militar o con el del «Movimiento Nacional» (chaqueta blanca).

Atado y bien atado

En los últimos años de su régimen, Franco hizo que sus Cortes aprobaran todo un entramado de leyes que, a su muerte, aseguraran la continuidad de su sistema. Encontró un apoyo inestimable en sus Consejos de Ministros, cuyos miembros eran designados por el general de entre los más capaces y adictos a su persona.

— 25 miembros designados por el jefe de Estado, tras oír al Consejo del Reino, entre altas personalidades civiles, eclesiásticas y militares.

— 415 miembros elegidos por la organización sindical (sindicato único creado por el régimen), las corporaciones locales, los municipios, los colegios profesionales y las familias para un período de 4 años. La introducción de «representantes familiares» de elección directa por los cabezas de familia y mujeres casadas, fue una novedad de la Ley de 1966, que hizo pensar a muchos que se abría un proceso de mayor liberalidad en las Cortes de Franco. Pronto se vio que se trataba de un espejismo.

Así, desprovista de cualquier capacidad de iniciativa legislativa o de control político, y compuesta por miembros impuestos o «sugeridos» por el Régimen, la Asamblea de la dictadura fue un Parlamento sólo en apariencia. Lo mismo había sucedido con la Asamblea Nacional creada en 1927 por Primo de Rivera.

El Consejo Nacional del Movimiento

El entramado «parlamentario» de la dictadura se completaba con el Consejo Nacional del Movimiento. Estaba compuesto por 186 consejeros nacionales y había sido establecido con anterioridad a las Cortes Españolas. El Movimiento, o Movimiento Nacional, era un partido único, que agrupaba a las dos organizaciones políticas principales que habían apoyado el levantamiento de Franco (la Falange Española Tradicionalista y las Juntas de Ofensiva Nacional Sindicalista).

De la totalidad de consejeros nacionales, 102 eran elegidos por los consejos provinciales, 40 designados directamente por Franco y 6 nombrados por el presidente del Consejo. Todos ellos, de una forma u otra, eran procuradores en Cortes, por lo que el Consejo no tenía facultad legislativa o deliberante alguna. Fue un simple foro de discusión sobre temas diversos, en especial en lo relacionado con la naturaleza ideológica del régimen.

Fin del régimen

Tras la muerte de Francisco Franco (1975), y poco después de que el rey Juan Carlos I, jurara su cargo, las mismas Cortes Españolas votaban su autodisolución. Lo hacían, tras aprobar la Ley para la Reforma Política (1976), que dio paso a unas Cortes bicamerales elegidas por sufragio universal. Se iniciaba así un proceso político nuevo.

9

Vuelta a la normalidad: Cortes Generales y Parlamentos Autonómicos

En junio de 1977 se convocaban las primeras elecciones generales en España, desde las republicanas de 1936. Fueron unas elecciones pacíficas, con una participación del 80 por 100 del electorado, cuyos resultados eran un triunfo de la moderación y un deseo del cambio. Ningún partido obtuvo la mayoría absoluta, aunque la Unión de Centro Democrático (UCD), desaparecida en 1982, presidió este período de transición. La tarea fundamental de esa Asamblea fue la elaboración de una Constitución, presidida por el consenso de todas las fuerzas políticas democráticas del Estado. Tras un año de intensos trabajos y negociaciones, las Cortes aprobaron la *Constitución Española de 1978*, ratificada por el pueblo español en referéndum, y sancionada por Juan Carlos I el 27 de diciembre de 1978.

Históricamente, la Constitución española de 1978 es heredera de la tradición del liberalismo radical que se inicia en Cádiz (1812) y se prolonga en la Constitución «septembrina» de 1869. Ahora bien, la Constitución actual ha permitido la construcción de un régimen parlamentario ordenado y un sistema de pocos y fuertes partidos, como fundamento de un orden democrático y estable.

Las Cortes Generales

Nuestra Constitución establece que la soberanía nacional reside en el pueblo español y, como forma política del Estado, la monarquía parlamentaria. El órgano representativo del pueblo español son las Cortes Generales, formadas por dos Cámaras: el Congreso y el Senado.

El *Congreso de los Diputados* se compone «de un mínimo de 300 y una máximo de 400 diputados», elegidos cada cuatro años por sufragio universal libre, igual, directo y secreto. El régimen jurídico de esas elecciones generales está regulado en la ley electoral. El Congreso representa a todo el pueblo español y los diputados son elegidos, no en función de un criterio territorial, sino de la población a representar.

El *Senado*, en cambio, es una Cámara de representación territorial. La forman, principalmente, representantes de las provincias (208 en total) y, secundariamente, un número de representantes de las Comunidades Autónomas en función del censo de población (48 en la actualidad).

El Congreso de los diputados

Los miembros de la Cámara baja se reúnen en el hemiciclo del Congreso, que aparece en esta fotografía. En él tienen lugar los debates parlamentarios para la aprobación de leyes o en torno a cuestiones de especial importancia para la nación. Y a él acuden también los miembros del Gobierno para rendir cuentas de los principales asuntos de su gestión.

El Senado

La Cámara alta, como se denomina también al Senado, participa, al igual que el Congreso de los Diputados, en el proceso de elaboración de leyes. El debate de los proyectos legislativos por parte del Senado es importante para la aprobación de los mismos. No obstante, al tratarse de una Cámara de representación territorial, la función del Senado en nuestro sistema parlamentario es distinta a la de la Cámara baja.

Para la elección de diputados al Congreso, el ciudadano no vota a determinados candidatos individuales, sino unas *listas cerradas y bloqueadas* de candidatos, elaboradas por cada partido político o coalición electoral. Así, el protagonismo de las elecciones pasa a los mecanismos internos de los partidos. Al término de las votaciones, el reparto de *escaños*, o puestos en las Cámaras, se efectúa mediante un sistema proporcional (el sistema d'Hondt), que ha favorecido la reducción del número de partidos parlamentarios. Se pretende con ello dotar de mayor estabilidad al Parlamento.

Los senadores, sin embargo, son elegidos mediante un sistema mayoritario y a título individual, aunque se presentan en listas bajo las siglas del partido o coalición correspondiente. De todos modos, en la práctica, los efectos son los mismos que en las elecciones al Congreso.

Terminadas las elecciones y efectuados los recuentos de votos, las Juntas Electorales de los distintos distritos electorales proclaman los diputados y senadores electos. Estos, sin embargo, para po-

der ejercer como tales y gozar de la «condición plena» de parlamentarios, deben cumplir tres requisitos: presentar en la Cámara que les corresponda el documento que les acredita como electos, no ser inelegibles o incompatibles según la ley, y prometer o jurar el acatamiento a la Constitución.

La condición de parlamentario lleva consigo una serie de prerrogativas, derechos y deberes encaminados a permitir un mejor desempeño de la función. Destacan, entre ellos, las prerrogativas, que ya las encontramos en el parlamentarismo antiguo. Se trata de la *inviolabilidad* por las opiniones manifestadas en el ejercicio de sus funciones y la *inmunidad*, que supone que los parlamentarios sólo puedan ser detenidos «en caso de flagrante delito» y que, para ser procesados, haya de autorizarlo la Cámara correspondiente. Aunque no es frecuente la autorización del procesamiento de diputados y senadores, existen algunos ejemplos. No se trata pues, de una «patente de corso». El parlamentario, por otra parte, se halla sometido a un particular régimen disciplinario de la Cámara.

Inviolabilidad e inmunidad

Con el fin de que puedan emitir sus opiniones libremente en el ejercicio de sus funciones parlamentarias, los diputados y senadores disfrutan del privilegio de la «inviolabilidad». Ello quiere decir que, a diferencia de los demás ciudadanos, los parlamentarios no pueden ser juzgados por los tribunales de justicia por lo que digan en el curso del ejercicio de su cargo. Tampoco pueden ser detenidos ni procesados, al tener el privilegio de la «inmunidad», salvo que la Cámara correspondiente lo autorice mediante la concesión de un suplicatorio. Esos privilegios ya estaban contenidos en las primeras Constituciones inglesa y norteamericana.

El Pleno

De todos los órganos de nuestro Parlamento, el más importante es el «Pleno», ya que en él se reúne la totalidad de la Cámara (Congreso o Senado) para debatir y votar leyes o acuerdos que van a afectar después a toda la nación. Fue precisamente en un «Pleno», donde Adolfo Suárez, Presidente del primer Gobierno constitucional tras la dictadura del general Franco, anunció su dimisión tras haber presidido varios gabinetes monocolores de la Unión de Centro Democrático. Suárez ha sido uno de los personajes clave de la transición política española hacia la democracia.

Organización y funciones de las Cortes

El órgano más importante es el *Pleno*, que es la Cámara reunida con todos sus miembros. Órgano formal por excelencia del Congreso y el Senado, ahí es donde se producen los grandes debates políticos para la aprobación de leyes, y donde, mediante la votación, se adoptan los distintos acuerdos.

Las Cámaras se reúnen en dos períodos anuales de sesiones ordinarias (septiembre-diciembre y febrero-junio), pero pueden reunirse también en sesión extraordinaria. En los períodos de vacación parlamentaria funciona una *Diputación Permanente*, órgano que aparece en las Cortes de Cádiz y en las de la II República.

Las *Comisiones* son los órganos regulares del trabajo parlamentario. Estas se dividen en Permanentes y no Permanentes. Su existencia obedece a la necesidad de especialización de las Cámaras, ya que, sobre todo en las Comisiones Permanentes, es dónde se realiza el trabajo de base del Parlamento.

Por otra parte, el gobierno interno de las Cámaras corresponde al Presidente, la Mesa y la Junta de Portavoces.

El *Presidente*, elegido por los miembros de la Cámara, dirige y coordina los trabajos de ésta, y es responsable del buen funcionamiento de la misma. Además, representa a la Cámara en su relación con otros órganos del Estado. El Presidente del Congreso puede desempeñar un papel clave en el proceso de designación y elección del candidato a la Presidencia del Gobierno de la nación.

La *Mesa*, órgano de dirección en la Cámara, está formada por el Presidente de la misma, cuatro Vicepresidentes y cuatro Secretarios.

La *Junta de Portavoces*, a diferencia de los anteriores órganos, no está prevista en nuestra Constitución, pero es común en los Parlamentos europeos. A través de ella se da entrada, en las funciones de ordenamiento y distribución de los trabajos de la

Cámara, a los grupos parlamentarios mediante sus respectivos jefes o «portavoces».

Existen, por último, los *Grupos parlamentarios*, que están formados por parlamentarios que deben pertenecer a un mismo partido político. Esto permite que las funciones que tienen encomendadas, las ejerzan como expresión de la presencia de esos partidos políticos en la Cámara. La finalidad de estos grupos es la de conectar la actividad interna del Parlamento con la actividad política que se desarrolla fuera del mismo.

En el sistema parlamentario español, los Grupos Parlamentarios tiene un protagonismo casi exclusivo en la actividad del Congreso y el Senado.

El objeto esencial de la estructura organizativa de nuestras Cortes Generales es el de cumplir con eficacia y precisión las tres funciones principales que la Constitución les asigna:

— *Legislativa:* es la función más importante y la que refleja mejor la condición de las Cortes de representante de la soberanía popular. El control

Funciones de las Cortes

Tal y como señala expresamente nuestra Constitución, las Cortes Generales tienen las funciones de: hacer las leyes; aprobar anualmente los presupuestos generales del Estado; y controlar a otras instituciones del Estado, en especial al Ejecutivo.

Interpelaciones

Una de las formas más vivas con que los parlamentarios ejercen la función de control de las instituciones es la «interpelación», que generalmente se produce frente a un ministro del Gobierno. El diputado nacionalista vasco Juan María Bandrés ha utilizado con agudeza este arma parlamentaria, para defender causas injustamente olvidadas a veces

de la constitucionalidad de las leyes que en ellas se aprueben, corresponde al Tribunal Constitucional.

— *Presupuestaria:* si bien corresponde exclusivamente al Gobierno la preparación anual de los Presupuestos Generales del Estado, son las Cortes Generales las que deben de aprobarlo. En ocasiones, el Parlamento decide hacer modificaciones sustanciales a la propuesta gubernamental. El resultado final queda plasmado en una ley, que tiene la misma duración del presupuesto: un año.

— *De control de la acción del Gobierno:* se trata de una función característica de los Parlamentos contemporáneos. Los mecanismos existentes para ese control son: la moción de censura, a través de la cual el Parlamento hace saber al Gobierno si cuenta o no con su confianza; la investidura del Presidente del Gobierno, por la que el Parlamento da un voto de confianza genérico al candidato a esa Presidencia; y las interpelaciones y preguntas de los parlamentarios a los ministros del Gobierno sobre cuestiones de política general o de sus departamentos ministeriales.

Los Parlamentos autonómicos

Una de las novedades más trascendentales de la Constitución de 1978 es el reconocimiento al «derecho a la autonomía de las naciones y regiones» que integran la Nación española. Como consecuencia de ello se han constituido 17 Comunidades Autónomas, y se ha producido una distribución de competencias entre esas Comunidades y Gobierno y Administración centrales. Se ha configurado así un Estado de Autonomías, de vocación descentralizadora, que ha dado lugar a la creación de «Asambleas Legislativas de las Comunidades Autónomas», comúnmente denominadas Parlamentos territoriales o autonómicos. Al igual que el número de Comunidades, son diecisiete: Andalucía, Aragón, Asturias, Islas Baleares, Cataluña, Canarias, Cantabria, Castilla-León, Castilla-La Mancha, Extremadura, Galicia, Madrid, Región de Murcia, Navarra, País Vasco, La Rioja y Comunidad Valenciana.

Una de las consecuencias fundamentales de la configuración autonómica del Estado español ha sido la creación de Parlamentos regionales en cada una de las Autonomías. Sin embargo, el «Parlament de Catalunya», que aparece en esta fotografía, funcionó ya como tal en la época de la II República.

Unicameralismo

A diferencia del Parlamento español, los Parlamentos autonómicos sólo tienen una Cámara, con funciones parecidas a las de las Cortes Generales, pero limitadas al ámbito de su Autonomía y de su correspondiente Estatuto. Esta característica abarca incluso a una «autonomía histórica» como la vasca, cuyo símbolo, el árbol de Guernica, vemos aquí fotografiado. Ante él, jura su cargo el «lehendakari» del gobierno autónomo vasco.

No debe identificarse, sin embargo, el régimen jurídico de cada Comunidad Autónoma con el que haya estado vigente en su territorio en el pasado. En ningún modo se ha tratado de reproducir las Cortes de la «era de los estamentos». Los Parlamentos autónomos se encuadran inequívocamente en el marco de nuestra Constitución.

Todos ellos son Parlamentos unicamerales, con lo que España se alinea con otros países de Gobierno descentralizado, como Italia o Alemania.

La denominación oficial de estas Cámaras varía en función del Estatuto de Autonomía que las establezca. Encontramos así los términos de: Parlamento, Junta General, Asamblea Regional, Asamblea, Diputación General y Cortes. La pluralidad obedece fundamentalmente a razones históricas.

El Parlamento territorial es el representante del pueblo de la Comunidad Autónoma, y elige al Presidente del Ejecutivo regional. Este último, al igual que sucede con el Presidente del Gobierno de España en el Congreso de los Diputados, puede verse sometido a una moción de censura en la Cámara territorial.

Los miembros de estos Parlamentos, conocidos generalmente como parlamentarios autonómicos, reciben, según sus respectivos Estatutos de Autonomía, las denominaciones de «diputado», «diputado regional», «miembro», «parlamentario foral» y «procurador». El número oscila entre 135 (Cataluña) y 35 (Cantabria y La Rioja) y, por supuesto, todos ellos son elegidos por sufragio universal, entre los ciudadanos inscritos en los censos de cada Comunidad Autónoma.

Al igual que los parlamentarios nacionales, los parlamentarios autonómicos, en su escala, gozan de inviolabilidad e inmunidad, disponen de derechos, deberes e incompatibilidades, y están sometidos a normas reguladoras de la adquisición, suspensión y pérdida de su condición.

La organización de estos Parlamentos es similar a la de las Cortes Generales y sus principales funciones son las de: representar a su Comunidad, legislar, aprobar el presupuesto regional, impulsar la acción de su Ejecutivo y también controlarle. Las leyes aprobadas por los Parlamentos territoriales son válidas solamente en la Comunidad Autónoma del Parlamento en cuestión y pueden referirse exclusivamente a las materias que hayan sido otorgadas por el correspondiente Estatuto de Autonomía. Las competencias varían de unas Comunidades a otras, lo que, a su vez, hace que, en la práctica, algunos Parlamentos autonómicos tengan un peso específico mayor que otros.

Las «leyes autonómicas», como las nacionales, pueden ser recurridas ante el Tribunal Constitucional. Se trata de una situación que se ha producido en numerosas ocasiones.

El Tribunal Constitucional

Si bien corresponde a las Cortes Generales hacer las leyes, es función del Tribunal Constitucional garantizar que esas leyes no contradigan lo establecido en nuestra ley suprema: la Constitución española. Mediante el ejercicio de esa función, este Tribunal ha obligado a que se modificaran algunos aspectos de leyes dictadas, tanto por las Cortes Generales como por los Parlamentos Autonómicos. Las decisiones del Tribunal Constitucional son inapelables.

10

El 25 de marzo de 1957 se firmaban los Tratados de Roma, por los que se creaban la Comunidad Económica Europea (CEE) y la Comunidad Europea de la Energía Atómica (Euratom). También se creaba la Asamblea de las Comunidades Europeas.

En el umbral del mañana: el Parlamento europeo

Hemos visto, hasta aquí, la constelación de Parlamentos que España tuvo en sus territorios durante el Antiguo Régimen, y los cambios y vicisitudes que aquéllos sufrieron. También, hemos recorrido la intensa historia española de los siglos XIX y XX. En ella, entre Constituciones liberales y moderadas, y a través de levantamientos, revoluciones e intervenciones militares, España se ha ido abriendo paso en su búsqueda permanente de una estabilidad política con un gobierno legítimo de tipo representativo. Esa meta, afortunadamente, la hemos alcanzado ya.

El siguiente objetivo es pertenecer, de pleno derecho, a la Europa integrada, que se empezó a fraguar en marzo de 1957, cuando los Jefes de Estado de Francia, Italia, la República Federal de

Alemania, Bélgica, Holanda y Luxemburgo firmaron los Tratados de Roma, por los que se creaban las Comunidades Europeas. España (junto con Portugal) entró a formar parte de ellas en enero de 1986, una vez firmado el Tratado de Adhesión a las mismas. En años anteriores lo habían hecho ya el Reino Unido, Irlanda, Dinamarca y Grecia. El proceso de integración europea experimentó un impulso importante en febrero de 1986, cuando los doce países comunitarios firmaron el Acta Unica Europea. Esta prevé, antes del 31 de diciembre de 1992, la creación de un espacio sin fronteras interiores, en el que mercancías, personas, servicios y capitales puedan circular libremente.

Una pieza fundamental en la construcción de la Europa unida es el Parlamento Europeo, portavoz de los 325 millones de ciudadanos de la Comunidad. Está integrado por 518 diputados, elegidos por

Adhesión de España

En una solemne ceremonia celebrada en el Palacio Real de Madrid, el 12 de junio de 1985, el Presidente del Gobierno español, Felipe González, y el entonces ministro de Asuntos Exteriores, Fernando Morán, firmaban el Tratado de Adhesión de nuestro país a las Comunidades Europeas.

Los «eurodiputados»

El Parlamento europeo lo forman 518 diputados repartidos entre los 12 países que componen la Comunidad Europea en la forma que refleja la fotografía. Las primeras elecciones directas a este Parlamento se celebraron en 1979 y, desde entonces, los eurodiputados sintieron la necesidad de impulsar la unidad política implícita en los Tratados de Roma.

sufragio universal directo para un período de cinco años. España cuenta en él con 60 diputados, a los que popularmente se les denomina «eurodiputados».

De todas las instituciones comunitarias, el Parlamento Europeo es la única que se reúne y delibera en público. Todas las actividades y órganos de la Cámara están sometidos a la dirección del Presidente, al que asisten 14 vicepresidentes. El conjunto de todos ellos constituye la Mesa. De ella son miembros también, con voz consultiva, cinco «cuestores», encargados de las tareas administrativas y financieras que incumben directamente a los parlamentarios. Todos esos cargos son elegidos por períodos de dos años y medio.

Los trabajos del Parlamento son preparados por 18 Comisiones especializadas, órganos de trabajo permanentes, competentes en una materia específica de la actividad comunitaria. A veces se crean Comisiones temporales, para el examen de problemas específicos como, por ejemplo, la droga, y

el ascenso del fascismo y el racismo en Europa. Por otra parte, las Comisiones preparan los debates de la Asamblea plenaria del Parlamento y garantizan, entre sesiones, la continuidad del control parlamentario.

Las especiales características de este Parlamento hacen que las sesiones del mismo tengan lugar en Estrasburgo (Francia), las Comisiones se reúnan generalmente en Bruselas (Bélgica), y la Secretaría General esté instalada en Luxemburgo.

En la Cámara, los diputados no se agrupan por delegaciones nacionales, sino por grupos políticos. Estos grupos, que tienen también sus portavoces, determinan, como en los Parlamentos nacionales, las orientaciones políticas del Parlamento.

Los poderes fundamentales del Parlamento Europeo son tres:

Estrasburgo

En la ciudad francesa de Estrasburgo, sede de otra importante institución europea (el Consejo de Europa), se celebran los plenos del Parlamento europeo, en el hemiciclo del Palacio de Europa. La primera sesión a la que asistieron diputados españoles se celebró el 13 de enero de 1986.

El Parlamento europeo

1) Aprobar el presupuesto de la Comunidad, tras haberlo establecido conjuntamente con el Consejo de Ministros de aquélla. Se trata del poder que más desarrollo ha tenido.

2) Participar en la actividad legislativa de la Comunidad a través del «procedimiento de cooperación». Así, las leyes son propuestas por la Comisión Europea, el Parlamento da su opinión sobre las mismas y finalmente es el Consejo de Ministros el que decide su adopción. No existe todavía en la Cámara europea el poder de iniciativa legislativa que tienen los Parlamentos nacionales, y ésa es, sin duda, la mayor carencia de este Parlamento.

3) Ejercer un control democrático sobre la actividad de las instituciones comunitarias.

El único Parlamento supranacional del mundo, elegido directamente por los ciudadanos, es el Parlamento Europeo. En sus más de diez años de existencia, este Parlamento ha conseguido: la aprobación del Acta Única Europea, que introduce importantes reformas en los tratados fundacionales de la Comunidad Europea; el establecimiento de una Política Común de Transportes, mediante presiones a ios gobiernos europeos; la creación de ERASMUS, un programa de intercambio para jóvenes universitarios, que está dando ya unos excelentes frutos; y el poder presupuestario, a través de su control sobre las finanzas comunitarias.

Gracias al Acta Única Europea el poder de control del Parlamento y su autoridad política fueron potenciados. Queda, sin embargo, bastante camino por recorrer hasta que este Parlamento de los ciudadanos de Europa esté por encima de los Parlamentos nacionales. Cuando eso suceda, la Europa política será una realidad. Como señaló Robert Schuman, uno de los «padres» de la Europa comunitaria, «Europa no se hará de golpe, ni se construirá según un plano; se irá haciendo a través de realizaciones concretas —creando antes una solidaridad *de facto*—». En esa Europa del futuro, el Parlamento Europeo, que hoy es también un Parlamento español, está llamado a desempeñar un papel fundamental.

El Acta Única Europea

El 1 de julio de 1987 entró en vigor el Acta Única Europea, en gran medida gracias al impulso del Parlamento Europeo, que ha venido actuando desde su creación como conciencia crítica del difícil camino hacia la Unión Política Europea. En el Acta Única se establece un procedimiento de cooperación entre las instituciones comunitarias, que potencia el poder de control del Parlamento frente al Consejo europeo, órgano que reúne a todos los jefes de Estado y de Gobierno de la Comunidad. Con ese procedimiento el Parlamento ha ganado autoridad política y participación directa en la elaboración de las directivas del mercado interior.

Datos para una historia

Años	Asamblea o Parlamento	Reino o Territorio	Monarca

Principales Asambleas parlamentarias hispánicas (siglos XII al XVIII)

1188	«Concilio» de León. (Primeras Cortes hispánicas.)	León.	Alfonso IX.
1202	Cortes de Benavente. (Venta del rey de sus derechos de acuñar moneda.)	León	Alfonso IX.
1250	Cortes de Sevilla. (Primeras Cortes conjuntas de Castilla y León). Cortes Generales de Alcañiz. (Primeras Cortes Generales de la Corona Aragón.)	León y Castilla. Corona de Aragón.	Fernando III.
1283	Cortes de Barcelona. (Se establece que Cortes se reúnan anualmente.)	Cataluña.	Pedro III de Aragón.
1296	Parlamento de Sicilia. (Primer parlamento siciliano.)	Sicilia	Fernando II de Aragón.
1301	Cortes de Lérida (Se establecen reuniones de Cortes anualmente.)	Cataluña.	Jaime II.
1307	Cortes de Aragón. (Se establece que Cortes se reúnan cada dos años.)	Aragón.	Jaime II.
1313	Cortes de Palencia. (Acuerdo de celebrar Cortes cada dos años.)	Castilla.	Minoría de Alfonso XI.
1355	Parlamento de Cagliari. (Primer parlamento sardo.)	Cerdeña.	Pedro IV de Aragón.
1367	Cortes Generales de Monzón. (Primera vez que se pide dinero en Cortes.)	Corona de Aragón.	Pedro IV.
1385	Cortes de Coimbra. (Entronización de la dinastía Avis en Portugal).	Portugal	Leonor.
1398	Parlamento de Siracusa. (Organización definitiva del Parlamento siciliano. Creación Diputación permanente.)	Sicilia.	Martín I de Aragón.
1406	Cortes de Toledo. (Concesión de servicios muy importante para la guerra contra el Reino musulmán de Granada.)	Castilla.	Enrique III.

Años	Asamblea o Parlamento	Reino o Territorio	Monarca

Principales Asambleas parlamentarias hispánicas (siglos XII al XVIII)

1443	Parlamento de Benevento.	Nápoles.	Alfonso V de Aragón.
1480	Cortes de Toledo. (Planificación general del Gobierno de la monarquía.)	Castilla.	Reyes Católicos.
1481-1485	Parlamento de Cagliari-Sassari. (Consolidación Parlamento.)	Cerdeña.	Fernando el Católico de Aragón.
1504-1559	Estados Generales. (Reunión Parlamento 2 veces al año de media.)	Países Bajos.	Felipe el Hermoso, Carlos V y Felipe II.
1515	Cortes de Burgos. (Incorporación de Navarra a la Corona de Castilla.)	Castilla.	Fernando el Católico.
1538	Cortes de Toledo. (Inicio decadencia de las Cortes por la actitud de los nobles.)	Castilla.	Carlos I.
1592	Cortes de Tarazona. (Colofón de la sublevación motivada por los sucesos de A. Pérez.)	Aragón.	Felipe II.
1598	Estados Generales. (Transferencia de los Países Bajos a los Archiduques.)	Países Bajos españoles.	Felipe II.
1626	Cortes de Monzón. (Fin de la independencia política valenciana.)	Valencia.	Felipe IV.
1632-1633	Estados Generales.	Países Bajos españoles.	Felipe IV.
1642	Parlamento. (Último Parlamento napolitano.)	Nápoles.	Felipe IV.
1645	Cortes de Monzón. (Últimas Cortes valencianas.)	Valencia.	Felipe IV.
1698	Parlamento de Cagliari. (Último Parlamento sardo.)	Cerdeña.	Carlos II.
1724	Cortes de Madrid. (Juramento príncipe heredero.)	Reinos peninsulares.	Felipe IV.
1760	Cortes de Madrid. (Juramento príncipe heredero.)	Reinos peninsulares.	Carlos III.
1789	Cortes de Madrid. (Últimas Cortes Antiguo Régimen.)	Reinos peninsulares.	Carlos IV.

Datos para una historia

Años	Hechos	Principales resultados
	Parlamentarismo constitucional (siglos XIX al XX)	
1810-1812	Cortes de Cádiz.	Constitución de 1812. Primer Parlamento constitucional.
1814	Regreso de Fernando VII.	Interrupción de la vigencia de la Constitución de 1812.
1820	Levantamiento de Riego.	Restauración constitucional.
1823	Invasión de los *Cien Mil Hijos de San Luis*.	Nueva interrupción de la vigencia de la Constitución de 1812.
1834	Cortes del Estatuto.	Estatuto Real de 1834.
1836	Motín de La Granja.	Nuevo restablecimiento de la Constitución de 1812.
1836-1837	Cortes constituyentes.	Constitución de 1837.
1845	Cortes ordinarias.	Constitución de 1845.
1854-1856	Cortes constituyentes.	Proyecto Constitución 1856.
1868	Revolución de Septiembre («Gloriosa»).	Destronamiento de Isabel II.
1869	Cortes constituyentes.	Constitución de 1869.
1870	Aprobación ley para elección de un rey.	Elección de Amadeo I de Saboya.
1873	Renuncia de Amadeo I.	I República española.
1874	Golpe de Estado de Pavía.	Fin I República y Restauración monárquica. Alfonso XII, rey.
1876	Cortes ordinarias.	Constitución de 1876.
1898	Guerra hispano-norteamericana.	Pérdida de Cuba, Puerto Rico y Filipinas.
1906	Aprobación Ley de Jurisdicciones.	Nueva entrada del ejército en la vida política.
1923	Golpe de Estado de Primo de Rivera.	Primera dictadura española.
1931	Renuncia al trono de Alfonso XIII.	II República española.
1936	Golpe de Estado de Franco.	Guerra civil española.
1939	Fin de la guerra civil.	Segunda dictadura española. Franco, Jefe de Estado.
1942	Establecimiento de las «Cortes Españolas».	Cortes de la dictadura franquista hasta 1976.
1975	Muerte del General Franco.	Juan Carlos I, rey de España.
1985	Firma de España del Tratado de Adhesión a las Comunidades Europeas.	España pasa a formar parte del Parlamento europeo.

Glosario

Alcabala
Impuesto que se cargaba sobre las compraventas.

Asamblea constituyente
Parlamento democrático convocado y reunido específicamente para elaborar una Constitución. En España se denomina «Cortes constituyentes».

brazo
Conjunto de todos los miembros de un estamento congregado legítimamente en Cortes, en el Antiguo Régimen.

Cámara
Nombre con el que se denomina a los cuerpos legisladores de los regímenes políticos democráticos. Las Cámaras en España hoy son el Congreso de los Diputados y el Senado.

Constitución
Ley fundamental que, a partir de la Revolución francesa, fija la organización política de un Estado y establece los derecho y obligaciones básicos de los ciudadanos y los gobernantes en los regímenes políticos democráticos.

diputado
Representante elegido por votación entre los ciudadanos para formar parte de la cámara legislativa de la nación o, si hay dos cámaras, de la cámara baja. En la actualidad, son los miembros del Congreso.

donativo
Nombre con el que se denominaba también a los servicios concedidos por las Cortes en el Antiguo Régimen.

escaño
Asiento de cada diputado en el Congreso.

Estados
Cada una de las distintas clases sociales del Antiguo Régimen que estaban representadas en Cortes.

estamento
Conjunto de representantes de un grupo social determinado en el Antiguo Régimen. Normalmente había tres estamentos: eclesiástico, militar o nobiliar y real o de las ciudades. A veces, el estamento militar se dividía, a su vez, en dos, el de nobles y el de caballeros (baja nobleza).

Justicia
Magistrado supremo del antiguo Reino de Aragón que, en nombre del rey, hacía justicia, dictaba y hacía cumplir las provisiones de gobierno y, especialmente, cuidaba el mantenimiento de los fueros.

Legislatura
Tiempo durante el que funcionan las Cámaras entre unas vacaciones y otras. Las Cortes formadas tras la convocatoria de unas elecciones generales, y que duran hasta las siguientes elecciones, se organizan en períodos sucesivos que se denominan «legislaturas».

pactismo
Concepción política imperante en los reinos y territorios de la antigua Corona de Aragón, según la cual los monarcas gobiernan en virtud de un pacto político entre ellos y el reino. Así, los reyes, al comienzo de su reinado, juran guardar y respetar los fueros del reino y, a cambio, éste, por medio de su representantes reunidos en Cortes, jura acatar al monarca como rey.

procurador
Representante nombrado por las ciudades para asistir a las antiguas Cortes de Castilla. En la actualidad se denomina así a los diputados de algún Parlamento autonómico.

servicio o servicio ordinario
Subsidio votado en las Cortes antiguas por todos los brazos del Reino. Cuando los servicios se concedían fuera de Cortes se denominaban «extraordinarios», precisamente por su singularidad.

sistema d'Hondt
Método de cálculo ideado por el matemático Hondt y utilizado en nuestro sistema electoral para el reparto de escaños a partir del número de votos obtenidos por cada lista electoral.

universidades
Nombre con el que, especialmente hasta el siglo XVIII, se denominaba también a los municipios.

Índice alfabético

Bibliografía

Carr, R., *España: de la Restauración a la democracia, 1875-1980*. Ariel, Barcelona, 1983.

Clavero, B., *Evolución histórica del constitucionalismo español*. Tecnos, Madrid, 1985.

Comunidades europeas-Parlamento europeo, *Una asamblea en pleno desarrollo: 1952-1988*. Ofic. de Publicaciones Oficiales de las C. E., 1989.

Embid Irujo, A., *Los Parlamentos territoriales*. Tecnos, Madrid, 1987.

García de Valdeavellano, L., *Curso de Historia de las Instituciones españolas*. Alianza Universidad, 6.ª edición, Madrid, 1982.

González Antón, L., *Las Cortes en la España del Antiguo Régimen*. Siglo XXI, Madrid, 1989.

Jover Zamora, J. M. (dir.), *La Era Isabelina y el Sexenio Democrático (1834-1878)*. Historia de España de Ramón Menéndez Pidal, Espasa-Calpe, Madrid, 1981.

Linde Paniagua, E., y García Cotarelo, R. (eds.), *Constitución Española de 1978*. Reus, S. A., Madrid, 1989.

Martín, J. L., *Las Cortes Medievales*. Historia 16, Madrid, 1989.

Pérez-Prendes, J. M., *Cortes de Castilla*. Ariel, Barcelona, 1974.

Solé Tura, J., y Aparicio Pérez, M. A., *Las Cortes Generales en el sistema constitucional*, Tecnos, 2.ª edición, Madrid, 1988.

Tamames, R., *La República. La Era de Franco*. Alianza Editorial Alfaguara, Madrid, 1973;

Tomás y Valiente, F., *Manual de Historia de Derecho español*. Tecnos, 2.ª edición, Madrid, 1980.

Udina, F., Udina, A., Muñoz, R., y Pina, F., *Cortes y Parlamentos en la Corona de Aragón*. Editorial Aragó, Barcelona-Zaragoza, 1988.